藥草與魔法

女巫、符咒、飛行軟膏
與西方古老傳說

魔女の薬草箱

西村佑子——著
王立言——譯

目次

作者序　女巫的藥草箱　6

第一章

女巫與藥草

1 飛行軟膏　10

2 女巫軟膏　21

配方I：莨菪／毒堇／毒麥／附子

配方II：印度大麻／罌粟／癲茄／曼陀羅

配方III：龍葵／金雀花／秋水仙／澤漆／菟葵／玄參／包心菜與馬齒牡丹

第二章 女巫與辟邪符咒

1 辟邪草 80

牛至與苦薄荷／纈草／小連翹／蕁麻／榛樹／槲寄生

2 適合採藥的日子 110

野苦苣／小陰地蕨／馬鞭草／山靛／長春草／羊齒

第三章 魔法藥草

1 藥草的魔力 130

曼陀羅草／茴香／Moly／魔杖

2 春藥　153
兩情相悅之藥・崔斯坦和伊索德的故事／為愛穿針引線之藥・德國傳說集／墜入愛河之藥・仲夏夜之夢／返老還童之藥・浮士德的故事／愛情魔法

第四章　「聰明女性」與藥草

1 「聰明女性」與女巫　176
2 聖母馬利亞與藥草　185
斗篷草
3 月神與艾草　194
艾草／西洋牡荊

4 修女赫德嘉與藥草 201

5 藥草女巫 204

洋耆草

6 具有性治癒力的藥草 209

芸香／蒔蘿／野包心菜

7 「聰明女性」的藥草料理 216

聖星期四的綠色蔬菜／金錢薄荷／五月酒／車葉草

本書引用及參考文獻・圖片一覽

作者序

女巫的藥草箱

／西村佑子

漫步於德國的森林當中，腳邊四處生長著從前女巫們曾經摘採的草藥，讓人產生彷彿會遇到女巫的錯覺。

女巫手提的籃子裡裝著許多種藥草。其中包括含有劇毒、能在瞬間奪人性命的藥草；以及用來作為「飛行軟膏」原料的藥草——女巫將這種軟膏抹在身上，便能翱翔於天際。或者從前每遇作物欠收或疫病流行，人們皆認為是女巫所為，為保護自己不受危害，而使用了許多「辟邪草」。這些都是與女巫息息相關的藥草。

另外籃中也有一些乍看之下和女巫扯不上關係的藥草。比如說具有療效，或者帶有香氣、能夠令身心舒暢的藥草。或者是對其許下夢想與願望，佩帶在身邊的藥草，以及能當作日常生活食材的藥草等等。

從前，許多女性具有豐富的藥草知識，她們前往森林中採集草藥，或者就在庭園中栽種，用來幫助民眾，人稱「聰明女性」，頗受社會大眾敬重。

然而在某些時代，這些女性卻遭貼上魔女的標籤，為社會所排斥。實際上，巫女所用的令人聞之色變的藥草，與「聰明女性」所用的藥草並無不同，藥草本身並無善惡之分。前述的女性，僅僅是憑藉著長久累積的傳統及知識，自己採摘草藥製成良藥而已。

本書就像一個藥草箱，裡頭裝有這些所謂「女巫」所製作的藥劑，呈現在各位讀者眼前。之所以選擇德國作為背景，是因為在那裡，女巫和「聰明女性」兩者與藥草間的關係較容易明確掌握。另一方面則是由於日本引進的草藥種類多以英美為主，我想要將草藥在德國民眾生活中的重要性，傳達給更多人知道。

另外，我亦想透過視覺，闡明藥草與德國歷史的關係，以及其如何與日常生活結合，來引起讀者的興趣，因此刊載了許多圖片與相片。

在德國，許多城鎮都設有藥事博物館，規模雖大小不一，皆可從中了解藥事的歷史。從許多城鎮至今仍保存創業於中世的藥局建築，亦可一窺當時的勝景。藥局調劑室的牆櫃上，往往整面都擠滿小抽屜。藥櫃本身也帶有雕刻與彩繪，有如藝術品。櫃上擺設著作工精細的陶器與玻璃瓶，彷彿訴說著藥局的歷史有多長一般。窺望店內景象時，總覺得充滿神祕感，使人不免心跳加速。

至今仍有許多藥局，在藥櫃上排列著木製的藥桶與藥箱（雖然近年來也有不少是鋁製的），並且按照病人的身體狀況調配藥草。

至於端坐在藥草箱前的，到底是巫女還是「聰明女性」呢？請您自己開門進來一探究竟吧。

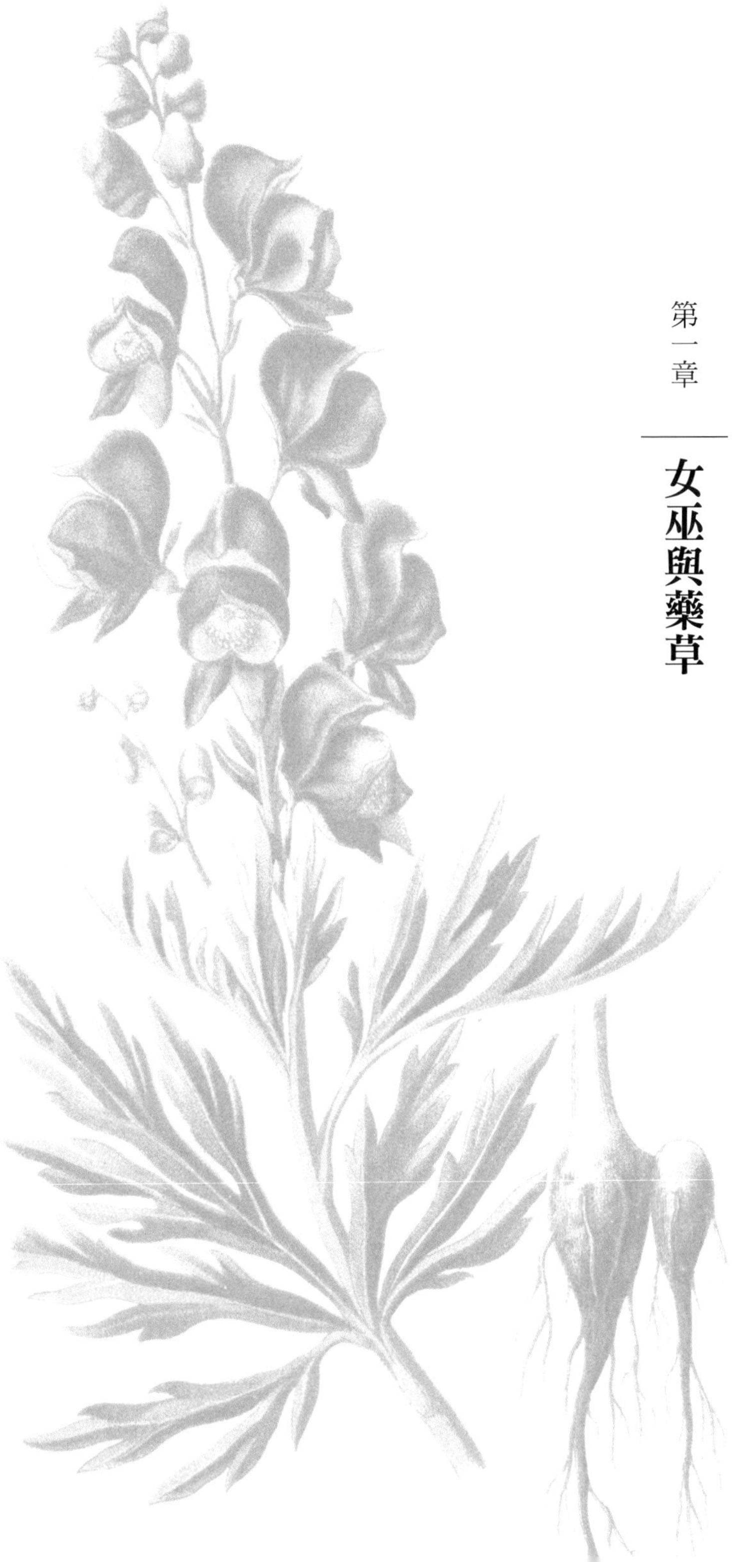

第一章

女巫與藥草

1 飛行軟膏

在歐洲，傳說中每到四月三十日的夜晚，女巫會齊聚一堂，與惡魔共同狂歡。這樣的夜晚稱為「瓦普幾絲之夜」（walpurgis night）。最廣為人知的女巫集會地點，就是位於德國中部哈茨（harz）山脈中的布羅肯（Brocken）峰。

當晚，據說女巫會一個個向惡魔報告自己一年來做了哪些壞事，吃不加鹽或者長滿黴菌的麵包，接著背靠著背跳舞，直到第一聲雞啼時才突然消失無蹤。

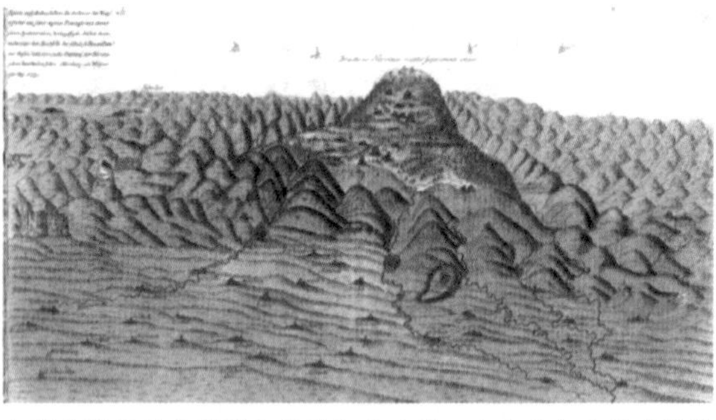

布羅肯峰的坡度實際上並非如此陡峭。十七世紀中葉時該峰仍為人跡罕至的未開發地帶，然而在這張畫中，已經可以看到繪有飛在空中的女巫身影。貝斯德（Bestehorn）繪，銅版畫，1732年。

德國的世界級文學家歌德在《浮士德》（完成於一八三一年）當中也提到瓦普幾絲之夜。因此，這屬於女巫的夜晚廣為人知，世人也公認「瓦普幾絲之夜」發源自德國的布羅肯峰。

女巫之家。從小洞中偷窺的男子，是想要一起前往參加黑彌撒（sabbath），或是要告發這件事？出於《關於女巫魔力的談話》，伊拉斯督（Thomas Erastus）著，1579年。

哈茨山地的確流傳著許多女巫的傳說，其中亦不乏與「瓦普幾絲之夜」有關。例如下面這個故事：

一個男僕偷看到女主人從抽屜中拿出軟膏抹在全身上下，然後跨上掃把，口唸咒語，從煙囪飛了出去。男僕也想跟去一探究竟，於是從她的抽屜中取出軟膏塗抹在身體上，有樣學樣地跨上掃把唸起了咒語。

但是由於咒語的唸法不對，他飛向房間牆角，撞得滿頭包，好不容易才穿過煙囪飛出屋外。據說他帶著滿身傷痕地飛到布羅肯峰，在那裡與女巫們跳了整晚的舞，直到第一聲鷄啼響起。

提到女巫，大家腦中總會浮現出她們騎著掃把飛翔在空中的形象。然而，並不是因為先有「會飛的魔毯」，才有「會飛的掃把」這種想法。能夠飛翔的掃把，也不是女巫用魔法做出來的。所以不能將「女巫一定手拿掃把」當作常識看待。

在哈茨地方的傳說中，女主人雖然騎在掃把上，卻是將軟膏塗抹在身上之後才有辦法飛起來。可知想要飛上天空，軟膏扮演相當重要的角色。

十七世紀德國的民俗學者普雷托流斯（Johannes Praetorius）在其所著《發生在布羅肯峰的事》（一六六九年）當中，也介紹到布羅肯峰的瓦普幾絲之夜。據說女巫除了騎掃把以外，另外也騎乘雄山羊和豬、爐灶的撥火棒等，裸身飛往布羅肯山。

普雷托流斯於書中附有瓦普幾絲之夜的想像圖，其中繪有騎著雄山羊的女巫。當歐洲

布羅肯山頂的黑彌撒。圖的中央，人們正親吻著象徵惡魔化身的雄山羊，下方則有一隻正在排便的惡魔，圖中還有從手掌噴出火焰的傳令惡魔，以及像在跳土風舞一般成雙成對起舞的男女。類似這種構圖的黑彌撒繪畫，還有很多。

德國的女巫形象比較傳統，她們的騎乘物不是豬或者叉子這麼奇怪的東西。（德國不來梅近郊）

各地開始迫害女巫時，女巫是惡魔的情婦，雄山羊是惡魔的化身這種想法遂廣為流傳。因此女巫與雄山羊配對的繪畫，在歐洲便成為對女巫的刻板印象。

在德國畫家杜勒①的畫中，繪有一個背對雄山羊的頭逆向騎乘的女巫；西班牙畫家哥雅②則描繪了在巨大的雄山羊前努力練習飛行的男女；另外，德國畫家巴爾

倒乘雄山羊的女巫。女巫手中拿著的是捲線棒。過去紡絲是女性重要的工作，世人懷疑女性集中在室內紡絲，可能彼此交換著對「男性」社會的不滿，是具有反社會性的危險集會；捲線棒也許因此被視為是女巫的象徵。杜勒繪〈女巫〉，1500年左右。

在雄山羊前練習飛行的男女。這幅畫有著這樣的標語：「一步又一步，慢慢進步。現在已經能飛起來一點點，不久便能飛得和女師父一樣好。」哥雅繪〈隨想 60 號 修行〉，1799年。

在森林裡製作怪異藥劑的女巫。畫作上部是已經動身前往黑彌撒的女巫，倒乘著雄山羊。分叉的長棒尖端挾著的壺中，可以看到類似動物的腳的物體。中央的老婆婆端著的盤子中躺著整隻直接燒烤的畸型生物，抱著大壺的女性手拿湯杓，正要把壺蓋打開，從中冒出的帶狀物也許是毒氣吧。類似的構圖，在當時的女巫繪畫中相當常見。巴爾東．格林〈女巫〉，1510年。

東・格林③以及許多畫家，也都有以正往身上塗抹軟膏或製作軟膏的裸身女巫為主題的繪畫。

因為這些繪畫作品，使得某種偏見在世間廣為流傳，認為女巫是妖豔的，帶有讓人不敢直視的色情形象。

到了十六世紀，獵巫的風潮遍及全歐，當時許多遭指控是女巫而被捕的女性都供稱曾經飛去參加黑彌撒。至於前往該處的方法，則是從惡魔處學來、能讓人在空中飛行的飲料或軟膏的做法，抑或直接向惡魔取得後，將其喝下或是塗抹於身上。

在阿爾薩斯（現法國境內Alsace）的科爾馬（Colmar），據說還保留著當時主審官審判女巫所提出問題的清單。內容不外乎「塗在掃把上的藥膏原料是什麼」、「飛上天空時口中唸著什麼樣的咒文」之類，且主審官會引導當事人回答。

在此記載當中，女巫的交通工具似乎已經定型為掃把。對主審官而言，讓當事人坦承確實向惡魔索取軟膏或飲料，或者學習做法，比起逼問當事人使用何種飛行工具重要

一個在典型的巴斯克（位於法國與西班牙國境）式廚房中塗抹軟膏的女巫。（作者不詳）

多了。畢竟，主審官的任務是證明女巫是惡魔的情婦，並加以消滅。於是很多人紛紛承認，曾經塗抹軟膏飛上天空。

根據普雷托流斯記載，在身體上塗抹軟膏，或者使用交通工具，原本都非絕對必要，然而因為審判女巫的緣故，女巫與飛行軟膏的關係遂緊密地結合。

然而關鍵的軟膏到底是什麼東西，仍然不詳，甚至也有人認為根本沒有什麼女巫軟膏，因為女巫審判記錄中所記載的軟膏配方，往往只是將當時醫生所用的幾種藥加以混合所得，而且傳說當中所流傳的大多都不太可靠。許多人往往認為從事巫術者只限女性，然而在獵巫最為激烈的時代，遭到告發的人往往不分性別、年齡以及職業。其中亦包括不少藥劑師與醫生，這類人持有的配方往往最易遭人懷疑。若回答不出為何持有軟膏，則會受到拷問。多數人更直接認為既然答不出來，那一定是從惡魔那裡得來的。

有幾帖女巫軟膏的配方流傳至今。到了二十世紀，獵巫的研究開始起步時，「女巫軟膏」漸漸獲得重視。隨著研究進展，很自然地會想要知道其實際功效，許多位學者甚至先後嘗試製作。

德國的毒物學者先克（Gustav Schenk）於一九〇二年按照古老配方製作了「女巫軟膏」，並將之塗抹在某位女性身上。結果這位女性陷入昏迷，失去意識很長一段時間。當她醒過來時，完全不相信事實上自己一步都沒有移動過，反而堅信自己曾飛上天空，前往參加黑彌撒。

德國的藥理學者修納（H. Hhuner）於一九二五年將茄科藥草萃取物塗抹在皮膚上。一般認為那是女巫軟膏重要成分。據說，他經歷了一段如同夢境般的飛行體驗，並且在夢中還變身為貓或貓頭鷹等動物。

另外，德國的大學教授波克特（Will-Erich Peuckert）在一九六〇年進行過同樣的實驗。他按照義大利人所寫的一本叫做《自然魔術》（一五六八年）中所記載的配方，製作了女巫軟膏，並且與朋友一起塗抹在身上，雙雙立刻陷入深沉的睡眠。清醒後兩人的說法竟然相同：期間彷彿看見恐怖的臉孔、感到像在漂浮，或是不斷地墜落。

從上述實驗來看，可以確定軟膏的主要成分是某種類似麻藥的藥草，會讓人產生強烈的漂浮感。所以似乎仍無法完全斷言飛行軟膏不存在，或是只存在於人類的想像中。

變身成動物前往黑彌撒的女巫。莫利特（Ulrich Moritol）著〈拉米亞〉（Lamia），1489年左右。

有句成語說「以毒攻毒」，在治療疾病時所用的特效藥原料當中，往往含有毒性極強的藥草，其成分與飛行軟膏相同。許多人因為用藥而產生幻覺，暫時陷入忘我狀態，或是因長期服用導致藥物中毒現象。服用這些麻藥的不僅限於病人，無論古代或是現代，對於想要逃避殘酷的現實以及被社會所淘汰的人而言，其所需要的正是能夠麻痺神經的藥物。

如果他們活在獵巫最為激烈的時代，可能會因行為可疑而遭逮捕，並接受審判。但或許用不著強行逼供，這樣的人也會自稱曾經飛行在空中。過去許多人都是因為如此，打從心底相信自己曾經飛上天際，因而坦承自己是巫師而受到肅清。從這層意義來看，讓人能夠飛行的藥劑的確可說是存在的。

現代對女巫飛行所抱持的印象，往往是自由自在，並對其充滿嚮往。甚至有許多因此想成為女巫的女巫迷。但是，人類為何總是想要飛上天？

乘著令人身心舒爽的微風，任憑圍巾飄動，並配合著動聽的音樂操縱掃把，自由自在翱翔於天際，這樣的心願是許多人的夢想。只是想到歷史上的女巫軟膏曾經使得許多清白的人遭誣陷為女巫，也許我們所渴望的飛行，還是透過飛機與滑翔翼來實現就好。

然而所謂的「飛行軟膏」究竟是什麼？答案還是讓人十分好奇。以下所列的，並不僅限於飛行用途，而是概括統稱為「女巫軟膏」的幾道古老配方。我們只能根據配方中所列的材料，推測它是用於飛行、毒殺，或是其他用途。除了列於配方中的藥草外，也另行介紹幾種被稱為是女巫藥草的植物。

2 女巫軟膏

【配方Ⅰ】

■毒麥、莨菪、毒堇、紅罌粟、黑罌粟、包心菜、麻繩菜各〇・〇六四八公克。
■將上述材料與油以四：六的比例混和。
■每三一・一〇三克混合物中，加入一・二九六克底比斯的鴉片。

這是西梅尼斯（Fernando Jiménez Del Oso）所寫的《世界魔女百科》中介紹的女巫軟膏配方，據說本來記載於義大利的哲學家兼數學家卡達諾④所著《事物的精妙》當中。

由於我不是藥草專家，就算看了這配方，也無法從藥學的角度判斷它具有怎樣的效果。然而，想必不是什麼正經的用途。光是〇．〇六四八公克要如何測量，就已經令人百思不得其解了。

配方中所謂「紅罌粟、黑罌粟」，大約是指紅色與黑色種子之意。而「底比斯的鴉片」指的應該是底比斯地方出產的鴉片。提到底比斯，就讓人想起希臘劇作家索福克利斯⑤的《伊底帕斯王》中提及的希臘都市，或是以路克索神廟聞名的埃及城市。雖然兩者都叫做底比斯，其中後者以栽種罌粟著名，因此配方中記載的應該是埃及底比斯產的鴉片。

附帶一提，鴉片的主要成分中，有種叫做蒂巴因（Thebaine）的物質，雖然這個名字是進入二十世紀以後才命名的，或許其由來便是埃及的底比斯（Thebes）。

十六世紀時，洛林區（今法國東北部）曾經出土一個古老的陶壺。在分析其內容物之後，發現有顛茄、莨菪、毒蔘茄、毒堇等成分，專家研判這應該是用來存放女巫軟膏的陶壺。

從卡達諾的配方以及壺的內容物來判斷，由於其中有許多會令人產生幻覺的成分，也許是飛行用的軟膏。

【莨菪】

莨菪（Hyoscyamus niger）自古便被視為擁有魔力的藥草，這是因為其含有毒性成分。莨菪屬於茄科，蘊含莨菪鹼與阿托品、東莨菪鹼等生物鹼，會對副交感神經及中樞神經產生作用，使人失去對重量的感覺，產生像飛在空中的幻覺。前人認為是魔法造成這種酩酊感與幻覺症狀，因此莨菪便成為飛行軟膏的重要材料。

茄科的植物包括馬鈴薯及番茄等富含營養且美味的蔬果，也有蘊藏生物鹼類毒素的品種。生物鹼似乎已成為毒物的代名詞，然而它指的並不是單一種毒素。

生物鹼乃是鹽基性含氮化合物的總稱，約涵蓋兩千種以上的物質，對動物效果特別強。其中又以莨菪含有的莨菪鹼和東莨菪鹼、癲茄含的阿托品、附子所含的烏頭鹼、以

Hyoscyamus niger L.

及曼陀羅所含有的東莨菪鹼毒性最強。

生物鹼家族多數都具有相似的強烈毒性，莨菪鹼無疑是其中最具代表性的一員。用作女巫軟膏原料的植物，有許多屬於茄科，含有生物鹼成分。

然而就算植物本身帶有強烈毒性，只要能夠加以活用，也能成為藥物。例如東莨菪中的東莨菪鹼在手術中用於使肌肉鬆弛，並且能緩和乘坐交通工具時感到的不適症狀；莨菪的葉片則含有止痛成分，不過大量使用會導致昏睡，因此一般人不宜自行使用。由此可見藥草中含有的毒素並不全都是有害的，重點在於用量的問題。

莨菪的花為黃褐色，外形呈缽形。仔細觀察花冠可以發現上面遍布濃花褐色的脈絡，就像生物的血管，看起來有點噁心。不管是外觀或是內在，莨菪都算得上是道道地地的「女巫藥草」。

【毒菫】

毒菫（Conium maculatum）與莨菪一樣，在前述卡達諾的配方以及洛林區出土的壺中都曾發現其蹤跡，且毒性乃是其中最強的。服下此種毒後，身體會漸漸僵硬，麻痺症狀自腳部慢慢往上蔓延，最後導致呼吸困難而窒息死亡。更恐怖的是，在死之前意識仍然是清醒的。

古希臘據說都用此種毒藥執行死刑。傳說希臘哲學家蘇格拉底在獄中所喝的毒液也是毒菫的汁液，他直到最後一刻為止都是意識清醒的。

毒菫是繖形科植物，莖上有紅色斑點，散形花序的白花綻放於夏天。毒菫中含有生物鹼類的毒芹鹼，但有趣的是，它的毒性並不穩定。該植物位於地上的部份所含的毒素，會隨著日照多寡改變，所以土中的根部含有的毒素成分最為穩定。

同屬繖形科的植物還有平常所吃的紅蘿蔔，其根為紅色，相較之下，毒菫的根部外觀較瘦小，看上去就像缺乏光澤的肌膚顏色，毒性卻極強。古希臘哲學家德謨克里特

毒堇

斯⑥曾經說過，若要毀滅一座樹林，只要將羽扇豆（Lupinus）的花浸在毒堇汁液中一天後，撒在樹木的根部即可。雖然其毒性強烈到足以消滅整座樹林，過去似乎也曾是治療神經疾病的藥材。

據說毒堇具有老鼠尿一般的臭味，這也相當符合邪惡女巫給人的印象，充分具有作為「女巫藥草」的資格。

【毒麥】

跟毒堇一樣，只要在名字前面加上「毒」字，大家便能立刻了解它是有毒植物。但若因為這樣，就以為在女巫的藥草清單中經常出現的毒麥只是含有毒素的麥而已，那就大錯特錯了。一般人所講的毒麥，正式學名為「Lolium temulentum」，這跟在女巫的術語中提及的毒麥並非同一種植物。事實上含有毒素的並不是麥子本身，而是指寄生在麥穗上的有毒菌類。

這種菌類稱為麥角菌（Claviceps purpurea），屬於子囊菌，是一種寄生於大麥或小麥等禾本科植物的黴菌，長出的麥角形狀看起來像牛角或是黑色的香蕉，常見於黑麥的穗上。麥角入秋後落至地面，於土中過冬，到了春天會長出許多小香菇般的物體，其所產生的無數孢子經由風或昆蟲搬運，再次附著於禾本科植物的穗上。

由於麥角含有生物鹼，大量攝取會導致麥角中毒，引起目眩、嘔吐、產生幻覺、痙攣等症狀。不過由於對促進子宮收縮十分有效，常用作子宮收縮劑和幫助分娩。

德文的「Mutterkorn」（穀物之母），就是女巫所謂的毒麥，落在地上的塊狀物較一般穀物大得多。由於穀物剛發芽的時候，還無從得知是否被這種菌類附著，因此即使懷疑有此可能，往往也要等到脫穀時才能特別留意，將其取下。

新約聖經的馬太福音記載著下面這樣的故事：某人播種之後，他的仇家趁夜在他的田裡撒下毒麥的種子。於是到了麥子成熟時，毒麥也隨之出現。此人的家僕急著想要把毒麥拔除，卻遭阻止。理由是，如果現在就把毒麥拔除，會連好的麥子也一併拔起，不如就此放著不管，等到收成時再分開即可。

耶穌基督在講道時，常會用一

麥角菌

些貼近日常生活的譬喻。我想這個毒麥故事的意思是，一個人是善人或惡人，應在最後審判到來時由神決定，因此一個人選擇的生活方式應該確保到時不會被神所捨棄。對於脫穀時必須不厭其煩地剝除毒麥的農民來說，這應該是個很淺顯易懂的譬喻。

【附子】

含有強烈毒素的藥草往往用來殺人。毛茛科的西洋附子（Aconitum napellus）也因為含有劇毒而名列女巫的藥草。附子的毒素自古便用來製作毒箭，或用於暗殺。現代仍常發生利用此毒的謀殺案件。

其所含毒素之強烈，幾乎可說是無可比擬。整株草，從根部到花粉都含有烏頭鹼這種生物鹼，只要幾克便能致人於死。過去的記載中提到有人甚至只是聞到它散發的臭氣便昏厥過去，或者把這種草丟向蠍子便能令其癱瘓，讓人不禁佩服附子的毒性。

然而據專家表示，附子的根部並不具有臭味。也許是一般人認為邪惡的女巫所使用的草藥，一定也和女巫一樣散發著猛烈的臭氣，才造成這種錯誤的認知。

十六世紀時，有位貴族弄到了強效的解毒劑，想要試試效果如何，便叫死刑犯服下附

西洋附子

子。然而解毒劑完全沒有發揮任何的效果，死刑犯只能在痛苦中死去。這是個相當殘酷的故事。

附子花看起來就像是日本古時候貴族佩戴的高帽子。在西方，這種植物名字的由來是從花的形狀來命名，從其在德文中叫「鐵帽子」（Eisenhut）、在英文中則是「修道僧的頭巾」（Monkshood）來看即一目瞭然。或許是附子含有的劇毒實在太有名了，美麗的紫色花朵看起來甚至無端顯得有幾分邪惡。而且由於在山中很常見，更讓人覺得毛骨悚然。

【配方II】

■人類脂肪　100公克
■高純度大麻　5公克
■野生大麻的花　半束

■罌粟花　半束
■一撮莬葵粉末
■一撮磨碎的向日葵種子粉末

據說這也是用來製作女巫軟膏的配方，然而其出處不明。乍看之下，用於飛行的可能性似乎相當高。

由於配方中加入了向日葵種子，因此有可能是十六世紀後半寫成的。之所以這麼說，是因為向日葵一直到一五七〇年左右才傳入歐洲。附帶一提，雖然配方中寫的是「向日葵種子」，有專家指出，正確而言這應該是果實而非種子，這使我感到相當驚訝。

【印度大麻】

一般認為飛行軟膏是用含有麻藥成分的藥草製成。其中許多成分能夠為皮膚吸收，使人產生幻覺和飛翔的錯覺。女巫在身上塗抹軟膏後飛上天空這種印象，也由此而生。

野生大麻（Canadis Sativa）會帶給人與上述同樣的幻覺，因此自然被列為飛行軟膏的材料之一。在中國從西元前五世紀左右，即將野生大麻用於治療風溼與痛風，然而現已不再供藥用。野生大麻在作為麻藥用途使用時，就是我們一般耳熟能詳的大麻。

印度產的大麻活性特別強，會讓人失去時間觀念、情緒失控，進入夢境般的境界。古人很早便注意到，在收穫野生大麻時往往會產生奇妙的症狀，因此日文中「大麻醉」（アサ酔い）這個辭彙，便是形容該種暈眩般的奇異感覺。

在梵文的抄本裡，有一個詞代表的意思是以大麻為底製成的「神的飲料」。由此看來，大麻似乎很早便用於宗教儀式中；古日耳曼人在埋葬往生者時，也常使用大麻進行淨化儀式。

由初開仍未經授粉的雌花尖端所得的樹脂中，含有四氫大麻酚以及其他麻醉成分，會對神經造成強烈影響。將這種樹脂加工成片狀或是棒狀，便是所謂毒品大麻；而將莖頂

Cannabineae.

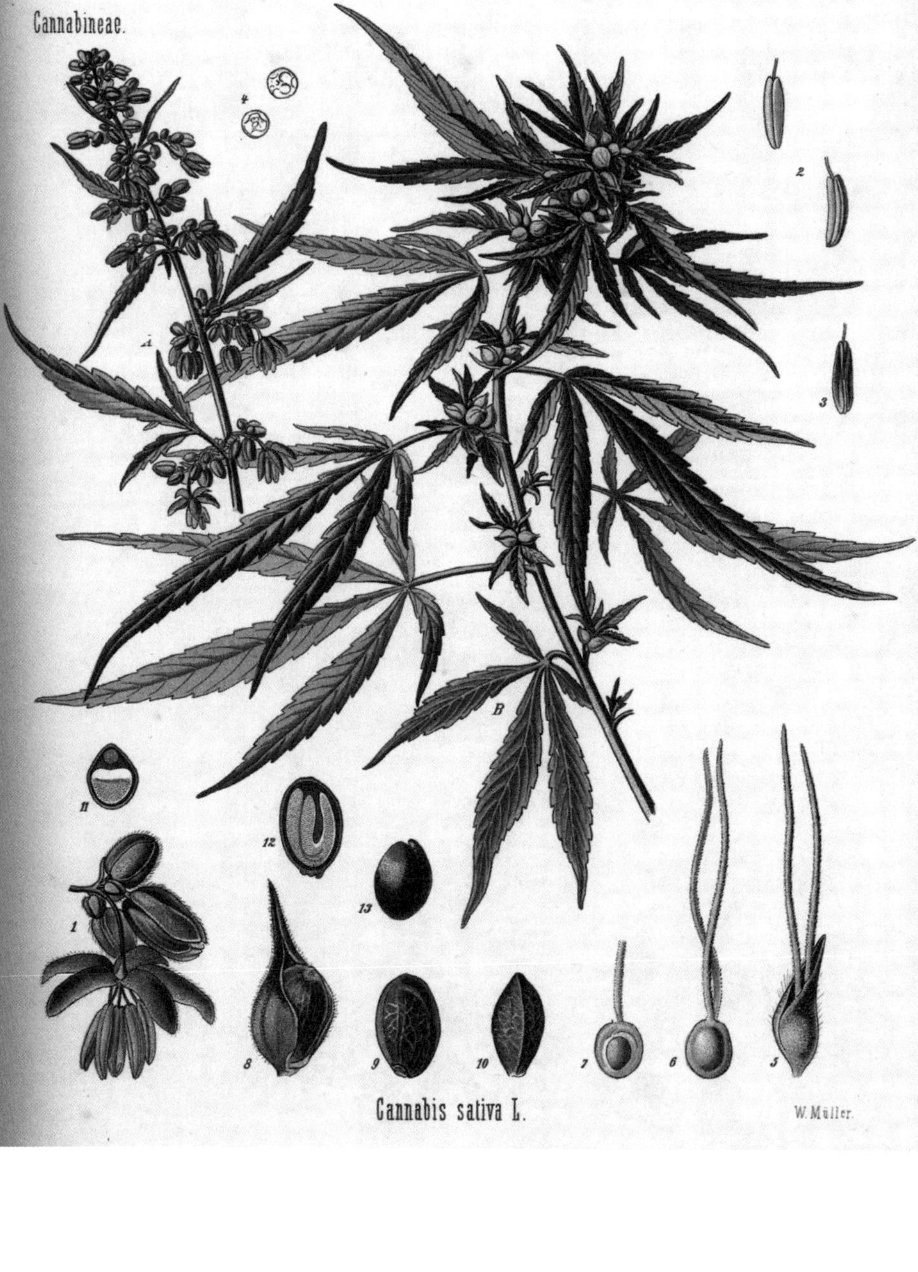

Cannabis sativa L.

W. Müller.

部的嫩葉切碎與煙草混合所得，就是所謂印度大麻（marijuana）。這種植物目前在日本栽培受大麻取締法的限制。

野生大麻是相當有用的植物，幾乎沒有無用可以丟棄的部位。古羅馬的博學者老蒲林尼⑦在他所寫的《博物誌》當中，認為它是最適合用來製作繩索的植物。野生大麻的纖維是製作夏季衣物的代表布料，果實能用於七味辣椒粉中或點綴在麵包上，榨出來的油也能用來製作清漆（varnish）或肥皂，以及溶解油漆。

野生大麻的莖在剝去外皮之後，於日本稱為「苧殼」（ogara），在盂蘭盆季時當作火炬來使用。有趣的是，古代儀式中使用的大麻或是剝皮之後所得的苧殼，都被用來與另一個世界交流，也許是因為相中其容易點燃的特性吧。

【罌粟】

植物含有的毒性越強，似乎就越有資格作為「女巫藥草」。其中，罌粟（Papaver

somniferum）具有使人入眠以及失憶的效果，在女巫的藥草中地位崇高。提到雛罌粟，便使人聯想到那惹人憐愛的紅色小花；至於罌粟的種子，則常常用來灑在麵包或小點心上。罌粟結的果實，是果皮既乾且薄的蒴果，成熟時會散落出細小的種子。成熟前果實分泌的乳汁約含有二十五種生物鹼類毒素，將乳液加以乾燥處理之後製成的，即是鴉片。

十七世紀末葉，英國醫生將這種乳液加以調合，製成名叫鴉片酊（laudanum）的萬能止痛藥。同時，世人發現它會成癮，遂開始將鴉片當作毒品吸食。然而罌粟厲害的地方，不僅僅只是會造成鴉片中毒而已。

十九世紀之後，澳洲的藥劑師自鴉片中萃取出具有麻醉活性的生物鹼，並取名為嗎啡。少量的嗎啡能夠適度對大腦產生作用，止痛效果相當好，然而使用時夾帶著陶醉感，比鴉片更容易讓人成癮。到了十九世紀中，法國的藥劑師從罌粟成分中的鴉片分離出可待因，對於止咳相當有效。雖然程度不如嗎啡，但仍然會造成成癮症狀。

Papaveraceae.
1
2
3
4
5
6
7
8
9
A
B
W.Müller n.d.Nat
Papaver somniferum L.

其後，德國化學家以嗎啡作為原料，合成出具有更強效果的化合物。這就是毒品之王——海洛因。罌粟的花雖然美麗，然而每每思及它是鴉片、嗎啡及海洛因之母，便讓人感到不寒而慄，因此它毫無疑問具有名列女巫藥草之一的資格。

現在栽種來作為觀賞用的罌粟類植物幾乎都是雛罌粟（poppy）。雛罌粟雖然也具有該類植物在折斷莖之後會流出乳液的特徵，不過其中並不含有麻藥成分。

早在西元前三千年前左右，古代美索不達米亞的蘇美地區已廣為種植罌粟，自古以來便以具有使人入眠及失憶效果而聞名。在童話《綠野仙蹤》當中，也有主角桃樂絲一行人誤入罌粟田，紛紛睡倒在地的情節。

在中國，楚王項羽的愛人虞姬的故事，也跟罌粟有關。虞姬在項羽敗給漢王劉邦自刎之後，也拿起小刀結束了自己的生命。從她流出的血中長出的紅色花朵，人稱虞美人草，也就是雛罌粟。雖然虞姬自殺的故事似乎並非史實，只是將她的美貌借來比喻罌粟的花而已，但這仍然是個沾染了血腥的故事。

Papaveraceae
(Eupapavereae)

Papaver Rhoeas L.

另外，也不免讓人想到日本作家夏目漱石⑧的小說《虞美人草》。女主角藤尾是一名心高氣傲的女性，在遭到所愛的男士背叛之後，「喝下了虛榮之毒」而死。從標題看來，似乎她所喝的便是罌粟製成的毒藥，然而實情並非如此。

當藤尾得知遭到背叛時，臉部的肌肉突然無法動彈，手腳僵硬，像失去重心的石像一般倒在地上死去。如果她喝的真的是罌粟製成的毒藥，那應該會出現海洛因中毒的症狀才對。

【顛茄】

就像虞美人草一樣，許多花朵背後的故事都和女性有關。而若說「女巫藥草」的由來與女性有關的，首推顛茄（Atropa belladonna）。

顛茄（belladonna）原意為「美麗的婦人」，具有強效的鎮靜作用，並能使肌肉鬆弛。若將葉片與根部的汁液滴入眼睛，內含的阿托品成分會使瞳孔散開，看上去好像在

癲茄

閃爍，因此深受義大利女性喜愛。的確，在凝視放大的瞳孔時，往往讓人有種受到吸引的錯覺。

在接受眼睛檢查前點過散瞳藥劑的人應該很清楚，在無法對焦的情況下，看什麼都不清楚。因此，遺憾的是，使用這種藥劑時，並無法親自確認自己的眼睛是不是真的變好看了。

藥劑師指出，阿托品的散瞳作用會持續一週以上，因此雖然隨著檢查內容的不同，偶爾仍會使用，但現在大多改用數小時便能復原的散瞳劑。

德籍醫師西博爾德⑨抵達日本時，曾經攜帶癲茄。他在江戶的眼科醫生面前實際使用這種植物進行眼部手術。眾醫師對其效力不禁感到驚嘆，紛紛想要知道該草藥的名稱。西博爾德看了他們提供的日本植物圖鑑，表示該種植物就是自生於日本的日本莨菪（*Scopolia japonica*）。

日本莨菪與癲茄同屬茄科，葉片與花朵也很類似，並且同樣含有生物鹼類中的莨菪鹼和阿托品、東莨菪鹼，因此使用

許多女性就是為了這樣美麗的眼睛，而使用癲茄的汁液。波提切利工房作品〈婦人的肖像〉，1480年代中期。

日本莨菪也可達到散瞳效果。日本莨菪常會被誤認為是薯蕷科的萆薢的根部，人若誤食會陷入發狂狀態，四處跑動，因此其日文名稱為四處奔走之意。

日本莨菪

顛茄在英語中稱為「致命的茄類植物」（Deadly Nightshade），在德文中的意思則是「發狂的櫻桃」（Tollkirsche），兩者都是相當恐怖的名字，但仍然比不上其學名「Atropa bellandonna」。「Atropa」的語源是希臘神話中的女神阿特洛玻斯（Atropos），為掌管死亡的女神，負責切斷通往未來的生命之線。以「切斷生命線的美女」這樣的稱呼用來作為「女巫藥草」的名字，想必更有震撼力。

根據中世紀德國修道院長赫德嘉・馮・賓根⑩的記載，顛茄群生的地方，是惡魔造訪的邪惡場所。筆者曾經在德國的森林中見過顛茄。其圓圓的果實帶有暗黑色豔麗的光澤，看來十分美味，讓人想要放進口中品嚐。不過只要五到十粒便能致人於死，真的是恐怖的女性。

【曼陀羅】

接下來介紹的仍然屬於茄科。曼陀羅類的植物（Datura spp.）在女巫藥草當中獨樹一格。曼陀羅傳入歐洲的時間較晚，直至十七世紀方從墨西哥與北美輸入。

其花朵與牽牛花類似，呈較大的喇叭形。蒴果上覆滿尖刺，其中包含無數細小的種子，是強烈

命運的女神——負責切斷命運之線的阿特洛玻斯位於右端，手上拿著剪刀。哥雅繪〈黑色的畫　阿特洛玻斯（命運）〉，1820-1823年。

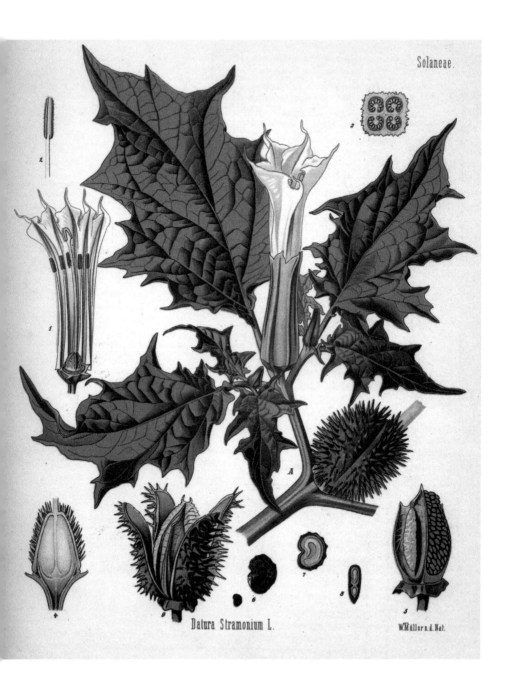

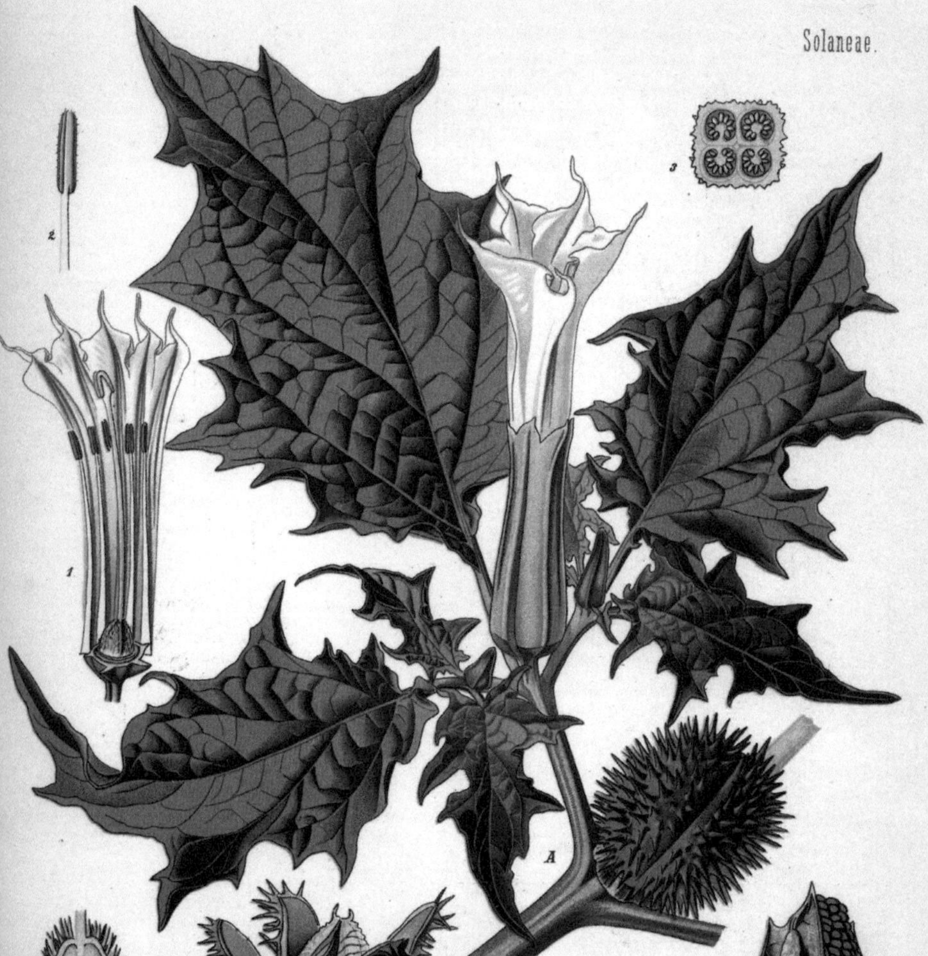

Datura Stramonium L.

W. Müller n. d. Nat.

毒性的主要來源。其毒素的成分，為同樣見於茄科的東莨菪鹼、莨菪鹼、阿托品等生物鹼。攝取上述成分會造成神經麻痺，陷入精神錯亂，導致死亡。

在德文中它被稱為「帶刺的蘋果」（Stechapfel）或是「惡魔的蘋果」（Teufuls-apfel）、「雷之球」（Donnerkugel），來自於其蒴果的形狀。

曼陀羅於江戶時代傳入日本。紀州的醫師華岡青洲（一七六〇～一八三五）調和六種藥草發明了全身麻醉藥「通仙散」，其中的原料之一即為曼陀羅花，也就是曼陀羅（Datura metel）。

曼陀羅花是世人想像出來的花朵，認為它綻放於極樂淨土。曼陀羅的毒素會使人產生進入極樂世界的錯覺，因此其別名又叫曼陀羅花。

曼陀羅於江戶時代傳入日本，不僅難以種植，且在實際藥用上難以運用，因此其後幾乎在日本絕跡。然而最近常可在一般家庭的庭院當中，發現其近緣種大花曼陀羅（Brugmansia spp.）的蹤跡。大花曼陀羅又名「天使的喇叭」（Angel's Trumpet），以其

大花曼陀羅

大大的喇叭形花朵，受到大眾喜愛，卻仍含有毒素成分。

告知馬利亞耶穌受胎一事的，是大天使加百列；在耶穌誕生時吹響祝福的喇叭的，也是成群結隊的天使。於是天使成為祝福的象徵，常常作成可愛的形象裝飾在聖誕樹上。然而在聖經〈啟示錄〉當中，告知世人世界末日將會用如何恐怖的形式降臨的，也是「隨著喇叭般的聲響」降臨的天使，最後審判時在旁見證的天使也吹奏著喇叭。因此這樣的聲音聽起來，絕對不僅僅是悅耳的聲音那麼簡單。所謂的惡魔，其實也不過是違逆了神的旨意，而遭趕出天國的墮天使，所以可別被天使這個頭銜所矇騙。

【配方III】

■新生嬰兒的肉

■罌粟

■龍葵

■澤漆

■毒堇

■將前述材料煮成粥狀。

這配方讓人全身汗毛直豎，據說是由十六世紀相當著名的瑞士醫學學者帕拉塞爾蘇斯⑪所復原出來的，原本記載於普雷托流斯

天使吹響喇叭，告知人類最後審判的到來。這些天使並沒有翅膀，且和一般人印象中的天使不同，渾身肌肉，相當雄壯威武。米開朗基羅繪〈最後的審判〉，1541年，西斯汀教堂（梵蒂岡）。

介紹女巫之夜〈瓦普幾絲之夜〉的作品——《發生在布羅肯峰的事》當中。

配方中列舉了新生嬰兒的肉，想必讓不少讀者感到反胃。在女巫軟膏的配方當中，常列有人類的脂肪以及新生嬰兒的肉。

為了使軟膏易於塗抹，往往會添加動物的脂肪。從人類或是新生嬰兒身上取得脂肪，這樣的製作方式的確很適合用在「女巫軟膏」中。

在獵巫潮初期，曾有兩位德國神學家在一四八六年合作寫了一本叫做《女巫之鎚》的書籍，試圖透過種種詭辯證明女巫究竟是什麼，並記載著對有女巫嫌疑的人，應該透過何種方法讓她招供，在自白後並處以何種處罰，幾乎可說是審判女巫的教學手冊。

作者更咬定接生婆也屬於女巫的一種，指出她們會將剛出生的嬰兒拋至空中交給惡魔，毫不掩飾地表達對接生婆的憎惡。

接生婆之所以成為攻擊的目標，有幾個理由：亞當與夏娃違背了神的命令，偷吃了智慧之樹上的禁果，因此遭放逐出伊甸園。當時神對夏娃說：「我必大大增加你懷胎的苦楚。你生產兒女必多受苦楚。」（創世記三：十六）。生產時的痛苦既然是違背神的懲罰，那麼熟練的接生婆盡可能減少產婦所受痛苦，自然會被視為是在違背神的旨意。

另外，在基督教當中，洗禮是最重要的儀式。在出生時死亡的嬰兒，由於沒有接受洗禮，便無法前往天堂。因此，在難產時，比起已經接受過洗禮的產婦，未經洗禮的新生兒的性命更為受到重視，嬰兒死亡於是成為接生婆的責任，必定是因為她把嬰兒的身體當作祭品，獻給惡魔的緣故。

接生婆對因故無法生下小孩的女性也提供了很多幫助，但能夠促進子宮收縮與分娩的草藥，往往也具

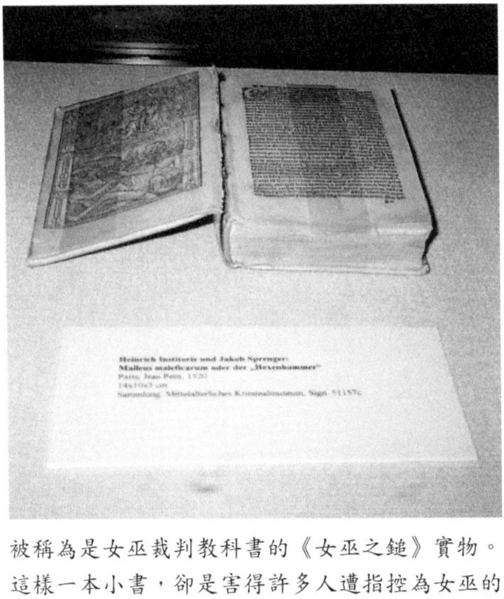

被稱為是女巫裁判教科書的《女巫之鎚》實物。這樣一本小書，卻是害得許多人遭指控為女巫的元兇。斯布邦格及克拉瑪神父著，1486年，藏於南德羅騰堡的中世紀犯罪博物館。

〈粗心的接生婆〉，1715年。這幅畫當時廣為流傳，接生婆的執業資格遂開始受到懷疑。但再怎麼樣笨拙的接生婆，也不至於這樣對待嬰兒。

有墮胎的效果。由於關於類似藥草的種種知識，都是接生婆的專業領域，眾人進而認為，用於墮胎的藥草也是「女巫藥草」，而使用這些草藥的接生婆自然是女巫。因此，女巫的軟膏中含有新生嬰兒肉的成分，不僅是用作潤滑劑，還有前述的歷史背景。

【龍葵】

女巫的藥草很可能曾用於墮胎，畢竟比起飛行，墮胎用途的需求量應該大得多。每個孕婦都會擔心有可能在生產過程中喪失生命。

特別是從前衛生條件不比現代，為求生產時母子平安，除了加持祈禱外，時人也常常使用一些促進陣痛以及對產後恢復有幫助的藥草。然而，促進陣痛的藥草由於能使子宮收縮，若效果過強則有導致流產的危險。

酸漿（Physalis alkekengi）具有獨特的紅色外型，是日本人相當熟悉的草藥，根部也曾用於墮胎。剝開燈籠型的花萼，裡面滿是熟透的紅色果實。把果肉取出之後，可以製成小型的氣球，或是放入口中吹出聲音取樂。不過種子常常無法巧妙地掏出，反而弄破袋子，或是將袋子裡弄得

龍葵

都是果實的汁液，味道相當苦澀。

有人說製作這種紅色氣球時要小心不能把種子吃下去，後來聽說酸漿可以用於墮胎，曾經想過這就是原因所在。事實上，就算誤食種子，頂多也只是使人拉肚子而已，實際上用來墮胎的是根部。

日文當中的龍葵稱為「犬酸漿」（Solanum nigrum），便是在酸漿這個名稱前冠上犬字，是「女巫軟膏」中不可或缺的常見藥草。

茄科植物與女巫的藥草關係密切。茄科這個字不論在德文或英文中，都稱為「夜晚的陰影」（Nachtschaten、Nightshade），給人陰暗的感覺。龍葵更是變本加厲，在名稱前面附帶形容詞「漆黑的」（schwarzer、black），更加深了含有劇毒的印象，可說是極為適合「女巫藥草」的名字。

龍葵的果實比酸漿樸素，成熟時不會變紅，維持黑色，花萼也不呈袋狀，果實就像一個個塗黑的小燈泡。尚未成熟的綠色果實中，含有龍葵鹼與澳洲茄鹼、皂素等生物鹼，雖然可用來製作止痛軟膏，不過事實上卻是能夠麻痹神經的劇毒。

【金雀花】

具有墮胎效果的藥草相當多，豆科的金雀花（Cytisus scoparius）也是其中之一。鮮黃色的花朵呈蝴蝶型，雖然盛開時看上去相當美麗，然而其枝葉都含有生物鹼成分。這些有毒成分會讓子宮收縮，因此除了拿來當作陣痛促進劑以外，也用於墮胎。

基督教禁止墮胎，因此接生婆使用像金雀花這樣的藥草達到墮胎目的，自然會被教會注意，然而對許多因不得已的苦衷而無法將小孩生下的女

金雀花

性，這卻是救星。

金雀花常被認為是女巫掃把的材料。金雀花的某個近似種，在德語中稱為「bechstein ginster」（掃把狀的金雀花），在英文中則稱為「Common Broom」（普通的掃把）。正如其名，金雀花的枝柔軟且富有彈性，適合用來製作掃把，實際上也有人把它當作掃把來用。

然而說到女巫的掃把，英國常見的荊豆（Ulex europaeus）則可能最為適合。春天的山丘往往會為其所開的黃花掩

荊豆

蓋，無數帶刺的枝枒互相交錯，葉片也呈鱗片狀或刺狀，光看便令人覺得刺痛。

【秋水仙】

秋水仙在日文中稱為「犬番紅花」，其中的犬字，其實是個似是而非的發語詞，這點在剛剛提到的「犬酸漿」來說也是一樣的。秋水仙（Colchicum autumnale）開的花雖然與番紅花很像，然而番紅花是菖蒲科，秋水仙則是百合科，兩者是完全不同的植物。也就是說這兩者雖然相像，實際上截然不同。

秋水仙在英文中稱為「autumn crocus」，其中「crocus」來自古希臘文，用阿拉伯語發音即為「Saffron」。日本人將秋天開花的稱為「Saffron」，春天開花的稱為「crocus」。

秋水仙所開的花相當漂亮，然而種子與球莖中含有秋水仙素這種生物鹼，毒性極強，就算只是數顆種子也能致命。

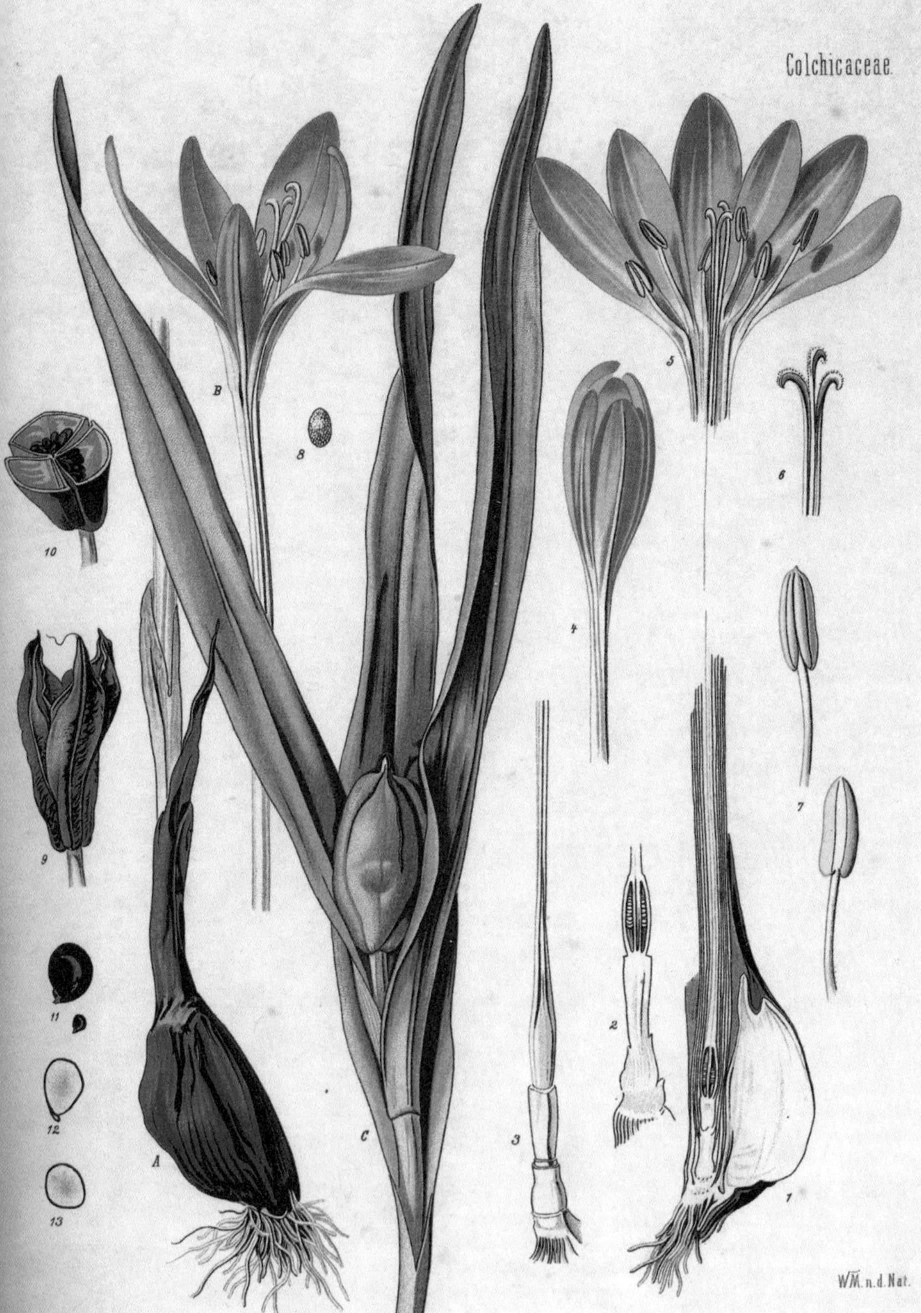

Colchicum autumnale L.

古希臘哲學家德弗拉斯特⑫曾經於《植物誌》中，記載過奴隸使用番紅花來裝病的情景。雖然經常使用這種植物會導致死亡，由於效力發作很慢，因此只要使用解毒劑就沒有大礙。

在德國這種植物被稱為「惡魔的麵包」（Teufelsbrot），長於藥草知識的修女馮・賓根在她所寫的《自然史・自然的治癒力》一書當中，曾記載若服用秋水仙會造成身體機能障礙，往往導致死亡。秋水仙素的效果雖然恐怖，從前卻常常用來當作痛風的止痛藥，對痛風相當有效，甚至如果服用之後還在痛，就可斷定疼痛一定不是痛風引起的。進入十九世紀之後，專家更發現秋水仙素具有使染色體加倍的作用，因此也用於種植西瓜的用途上。

秋水仙素具有強烈的副作用，常引發下痢、血流堵塞、起疹及腸胃功能障礙，長期服用還會掉髮。若女巫因為經常使用摻有秋水仙素的軟膏而飽受掉髮之苦，就不免讓人同情了。

【澤漆】

女巫藥草當中，除了會使人掉頭髮的藥草，還有蘊含會使皮膚潰爛毒素的藥草。大戟科植物中，許多種類皆含有對皮膚有害的毒素。近似種野漆便是其中之一，僅僅塗在皮膚上，便會造成潰爛及起水泡，不慎誤食則會毀損消化器官，引起嚴重的下痢。至於大戟科的澤漆（Euphorbia helioscopia），若折斷莖所得的白色汁液誤入眼中，則有失明之虞。

澤漆在德文中稱為「狼的乳汁」（Wolfsmilch），並非因為其汁液呈乳色，而是因為可以用來擊退野狼的緣故。在日本，人們也會使用澤漆的近親鉤腺大戟的根部來作為驅趕野狼的道具。

與「狼的乳汁」這個名字相較之下，日文名稱

澤漆

「燈台草」顯得較為重視外型，給人美麗的印象。它的葉片就像裝著整株植物的盤子一般，莖則從中央伸出，綻放出花朵，整體看起來就像放置著火把的台座。

「女巫軟膏」顧名思義是用來塗抹的，但在其原料中列舉出塗了會引起潰爛的澤漆，讓人不免對「女巫軟膏」平添幾分畏懼。

【菟葵】

有趣的是，在「女巫軟膏」的原料當中，也含有會讓人打噴嚏的藥草。那就是自古便相當有名的菟葵，中古時期大多用於驅魔或者治療精神疾病。然而，到底菟葵具體而言是指何種藥草，至今仍無法確定。

古代希臘的大學者德弗拉斯特在其所著《植物誌》中記載著，菟葵分為黑與白兩種，兩者之間共通之處只有菟葵這個名字而已，在外貌及性質方面許多人看法仍不一致。

英國植物學者約翰・帕金森⑬表示，「nigger」品種才是真正的菟葵，開花期甚短，

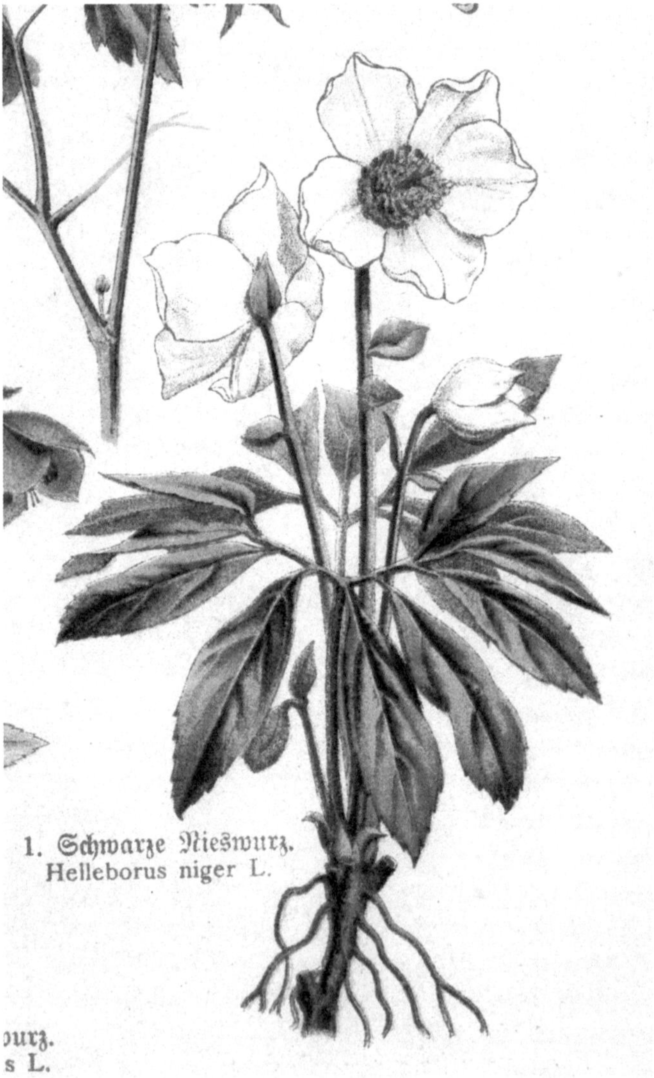

聖誕薔薇

在接近聖誕節時開花。「nigger」意即黑色，指的是它黑色的根。

菟葵當中，花期為聖誕節前後，且根呈黑色的品種，就只有毛茛科的聖誕薔薇了（Helleborus niger）。這種花背後流傳著下面這樣的傳說：

有一位少女為了沒有花可以獻給剛生下來的基督而煩惱，這時天使翩然出現，用他的手觸碰了被大雪覆蓋的地面，於是地上開出了美麗的白色花朵，這就是聖誕薔薇。

花的外觀一如傳說中的描述，確實相當美麗。葉片像手一樣從地面展開，莖粗且短，尖端掛著白色的花朵。目前有許多專供栽種的品種，不僅是聖誕節前後，在春天的庭院中也能看見它的蹤跡，在日本甚至還有聖誕薔薇協會，負責召開分級評鑑大會，深受大眾喜愛。

英國的植物採集學家法拉（Farrar，一八八〇～一九二〇）這樣描述黑色種的菟葵：「它的花瓣是純白的，然而誰知道是否真的具有純潔的心？畢竟，它的中心部份以及根部都是黑的。」可說是十分巧妙的描寫。

另一方面，白色種的莬葵（Veratrum album）則是百合科的植物，乃是日本的梅蕙草的母種。正如德弗拉斯特所說，白色種的莬葵與黑色種是完全不同的植物，垂直伸長的

梅蕙草

莖部末梢盛開著白色的小花，從葉子的外型便可得知其應歸類於百合科。

絞碎白菟葵所得的汁液中含有稱為癲茄鹼的毒素，由於常於狩獵時塗抹在箭端，在日本也叫做弓取草。該毒素會引起痙攣及讓人意識不清，就算加熱毒性也不會消失，因此也用來製造殺蟲劑。根部磨成的粉末會讓人打噴嚏，因此別名又叫做噴嚏草。

聖誕薔薇也就是黑菟葵，根部磨成的粉末呈黑褐色，也會使人猛打噴嚏。聖誕薔薇的德文雖然叫做「cristrose」，但別名「Schawarze Nieswurz」的原意其實就是「黑色的噴嚏草根」。

宮崎駿動畫作品《魔女宅急便》的同名原作由角野榮子所著，故事主角琪琪的母親是一位會用藥草來製作各種藥品的真正女巫，會在家門前柱子上貼著的紙條寫著——「出售噴嚏藥」。如果作者是想到菟葵而寫下前述的場景，那麼她真不愧是一位熟知女巫一切的人。

「女巫軟膏」所使用的菟葵究竟是白種還是黑種，至今沒有定論，然而由於配方中記載的是粉末，也許很多女巫都是邊打噴嚏邊塗著軟膏吧。毛髮脫落、皮膚潰爛，並且不斷地打噴嚏。想像女巫有這樣的遭遇，不禁讓人覺得既可憐又好笑。

【玄參】

洋地黃的花朵呈筒狀，沿著莖順次開放，相當引人注目。屬於玄參科的洋地黃，也是「女巫藥草」之一。雖然其中含有大量可以用來治療心臟病的配醣體，然而也正因為如此，一般人若擅自食用會造成危險。

在德文中有一種叫做「Knotige Braunwurz」的女巫藥草，也同樣屬於玄參科，是西洋玄參的近似種（Scrophularia nodosa）。然而令人感到困擾的是，這種藥草並沒有日文名稱，因此在此暫稱為玄參。

這種西洋玄參與華麗的洋地黃相比，比較不吸引人注意，然而既然名列女巫藥草當中，一定有其理由。

Scophulariaceae.

Digitalis purpurea L.

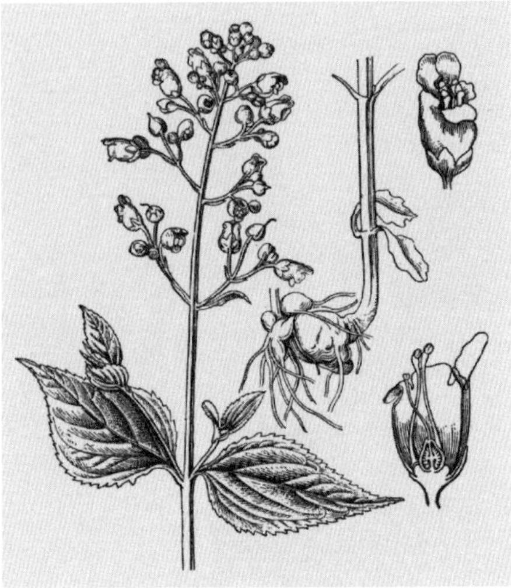

玄參的近似種

根據目前在德國開業的芳療師蘇珊・費雪的記載，玄參的別名叫做「女巫草」（Hexenkraut）、「燻過的根」（Rauchwurze），並表示這種植物從前曾經用於咒術儀式當中。

另外，這種草從前也被稱作是母豬草（Saukraut），這是由於它對治療豬隻的疥癬症狀很有效果。

母豬草這個名字相當有趣，豬隻對農民而言是相當重要的家畜，能夠治療豬隻疾病的藥草為什麼會被稱為「女巫草」呢？推測恐怕是因為玄參對疥癬的治療功效在不知不覺中遭到曲解，變成「疥癬是女巫所造成的」。探討植物命名的由來及之後的變遷總是讓人感到相當有趣。

在十六至十七世紀之間，也就是歐洲所謂「獵巫」的時代，只要有什麼不如意之事，幾乎通通都可以推到女巫身上。製作奶油是主婦很重要的工作，若一不小心讓牛奶和奶油壞掉了，逃避責任的人就會說是「一定是當時經過家門口的那個女人下了詛咒」，使得無辜的女性遭捕受審。像這樣的情節，在當時層出不窮。

話題回到玄參，玄參的花呈茶褐色，根部散發出令人不快的臭味並有毒性，然而除了用以治療豬隻的疥癬，對淋巴腺腫大也很有效。玄參的根部有著拳頭大小的淋巴節狀結塊，也許是因為這樣，從

奶油就是用圖中所見的細長木桶製作。雖然從圖片看不出來是誰掀起了女性的裙子，然而其實是因為旁邊有愛惡作劇的惡魔，手拿風箱吹起大風的緣故。這座塑像名叫做〈奶油的漢娜〉，相當受到城鎮民眾的喜愛。擁有這件裝飾品的建築物建於十六世紀前半，位於德國高斯樂的馬可德廣場。

前的人才產生了可以用它來治療淋巴腺腫大的想法。聽到這樣的理由也許有人會感到好笑，然而這樣的聯想真的是毫無根據的嗎？前人由外型推測效果的藥草中，的確有不少功效獲得證實。但心理作用帶來的影響，也絕不可忽視。

例如，石榴紅色的汁液會讓人聯想到血液，是故自古便認為對改善血液循環及止血很有效；粒狀果實由於狀似牙齒，因此也有人說對牙痛很有效。也許有人認為，這是從色彩及外型近似所產生的迷信，然而石榴花目前已獲得實證具有幫助傷口收斂的效果，對止血很有幫助。

近年來，坊間認為石榴當中含有的鞣花酸能夠抑制膽固醇，雌激素則對更年期症狀有效，因此漸漸有人開始飲用石榴果汁，然而隨即卻又獲得證實，上述觀念都是錯誤的。隨著研究進展，至今為止屹立不搖的學說仍有可能遭到推翻，不過使用玄參作為膏藥來治療淋巴腺腫大的療法至今仍獲大眾採用，這可說是大自然不可思議的地方。

【包心菜與馬齒牡丹】

用來作為「女巫軟膏」原料的藥草並非全部都是含有毒性的。例如前述卡達諾的配方中所記載的包心菜與馬齒牡丹就沒有毒。包心菜竟然也用來製作女巫的軟膏，相信一定讓人感到不可思議。提到包心菜，一般人似乎都馬上聯想到球狀的蔬菜，然而莖較長的品種萵苣，以及葉片包裹較為稀疏、呈半球形的沙拉菜，也都屬於包心菜的一種，皆為菊科植物。

萵苣是西元前六世紀由波斯經希臘、羅馬傳入歐洲的古老植物，而球形包心菜普及於歐洲則是西元十六世紀的

萵苣

野萵苣

馬齒牡丹

事情，因此說起來包心菜的歷史反而比較短。格林童話當中有個〈長髮姑娘〉（Rapunzel）的故事。「Rapunzel」既是女主角的名字，同時也是養育她的女巫種在庭院中蔬菜的名字。這種植物在德文中別名「Feldsalat」，其實就是忍冬科的野萵苣（Valerianella locusta）。然而遺憾的是，女巫軟膏中使用的包心菜，到底指的是前述哪一種，則不得而知。

同樣的，馬齒牡丹（Portulaca oleracea）似乎也很難令人與女巫軟膏做出聯想，不過比起包心菜與女巫的關係好像又近一些。製作軟膏的時候，為了便於塗抹，常常加入脂肪。馬齒牡丹的葉子在燙過以後具黏性，也許具有近似的效果。

馬齒牡丹在日文當中未使用漢字，許多日本人也許會誤以為是外來語，事實上它的漢字寫成「滑莧」。「莧」指的是小巧可愛的草，從前在路旁常常能發現它的蹤跡，但最近似乎被當成雜草拔除反而難得一見。葉片多肉質，在盛夏時會開出黃色的花。果實成熟時上半部像帽子般，可以摘除。內部含有許多細小的種子，相當可愛。

馬齒牡丹自古以來便是十分著名的植物，在古羅馬博物學家老蒲林尼所著的《博物

松葉牡丹

誌》當中，就已經可以找到相關記載。美國的印第安人在頭痛與胃痛時也會熬煮並服用；在歐美則常用來當作沙拉或湯中添加的蔬菜食用。

松葉牡丹同屬馬齒莧科，川燙過後也同樣呈現黏稠狀。雖然不知道味道是否好到讓人想主動食用，是解毒劑中不可或缺的材料。

根據九世紀左右活躍於阿拉伯的煉金師、同時也是農業學家的伊本．瓦希亞（Ibn Wahshiyya）記載，在解毒劑當中，必定含有一種叫做「巴比那」（Balbina）的草，而那其實就是某種汁液較多的松葉牡丹。

松葉牡丹具有抑制嘔吐衝動的效果，而馬齒牡丹則對腸胃不適相當有效。如果發生了這兩種症狀，不妨嚐嚐看這兩種植物黏稠的口感。

囊括許多有毒藥草的「女巫軟膏」當中，也使用含有豐富維他命的包心菜及馬齒牡丹這樣的植物，讓人感到相當有趣。一般人對於「女巫藥草」都含有劇毒的刻板印象，也許該就此修正。

註釋：

＊註①——杜勒（Albrecht Dürer，一四七一～一五二八），文藝復興時期的優秀畫家，出生於紐倫堡（Nuremberg）。

＊註②——哥雅（Francisco de Goya，一七四六～一八二八），西班牙藝術家，開啟了十九世紀的寫實主義，對十九及二十世紀的繪畫有深刻的影響。

＊註③——巴爾東．格林（Hans Baldung Grien，一四八〇～一五四五），文藝復興時期德國畫家，是杜勒的頭號弟子，曾創作許多以女巫為主題的畫作。

＊註④——卡達諾（Gerolamo Cardano，一五〇一～一五七六），十六世紀義大利的醫師、數學家。熱愛賭博，是第一個有系統地研究機率的人。

＊註⑤——索福克利斯（Sophoklês，西元前四九七／四九六～四〇六），希臘三大悲劇作家之一，出生於雅典郊外的克洛諾斯（Kolonos Hippios）。現存作品有《阿伊亞斯》（*Aias*）、《安蒂崗妮》（*Antigone*）、《伊底帕斯王》（*Oidipus Tyannos*）等等。

*註⑥——德謨克里特斯（Democritus，西元前四六〇～三七〇），來自古希臘愛琴海北部海岸的自然派哲學家，是經驗式的自然科學家和第一個百科全書式的學者，也是古代唯物思想的重要代表。

*註⑦——老蒲林尼（Gaius Plinius Secundus，西元二三～七五），常稱為老普林尼或大普林尼（Plinius Maior），古羅馬文學家、科學家，以《博物誌》（*Naturalis Historia*，西元七七年）一書留名後世。由於觀測維蘇威火山爆發時過於接近，吸入有毒氣體而死。

*註⑧——夏目漱石（一八六七～一九一六），日本明治時期代表性小説家。

*註⑨——西博爾德（Philipp Franz von Siebold，一七九六～一八六六），德裔醫師與植物學家。曾前往日本，於長崎講授西方醫學，後因於離開時攜帶日本地圖為當時德川幕府所發覺，被驅逐出境，永不得進入日本。

*註⑩——赫德嘉・馮・賓根（Hildegard von Bingen，一〇九八～一一七九），中世紀德意志知名的女修道院長，是神祕主義者、科學家、神學家及作曲家。據説她從很年輕時就有靈視的

能力，寫了多部關於信仰的著作，在自然科學方面也有傑出的成就，所寫的《自然史‧自然的治癒力》（*Heilkraft der Natur -"Physica"*）和《病因與療法》（*Causae et curae*）二書，內容涉及廣泛的博物學知識，以及各種動物、植物和礦物的治療功效，體現出在中世紀極為罕見的科學觀察能力。

＊註⑪——帕拉塞爾蘇斯（Paracelsus，一四九三～一五四一），生於瑞士，身兼鍊金術師及醫生兩種身分，是將煉金術運用於醫藥化學的始祖。Paracelsus為其自稱，意為超越古羅馬名醫塞爾蘇斯（Celsus，一～一〇〇）。

＊註⑫——德弗拉斯特（Theophrastos von Eresos，西元前三七〇～二八五左右），古希臘哲學家，為亞里斯多德弟子之一。

＊註⑬——約翰‧帕金森（John Parkinson，一五六七～一六五〇），十七世紀英國植物學家，是英國公認的最後一位草藥醫生，和第一位植物學家，在藥物發展的歷史上有重要的地位。

第二章

女巫與辟邪符咒

1 辟邪草

不論在什麼時代、什麼國家，人人都希望能夠免除天災與疫病的危害，並且能健康地度過人生。因此每逢旅行或大考將至，就算知道只是迷信，往往也願意掏腰包買個護身符帶在身上，或是像日本正月的習俗一樣，買一枝破魔矢供在家裡。

現在流行的「御守」或是護身符，都可以歸類於辟邪符咒之中，辟邪符咒在德國稱為「Amlette」或「Talismane」。古代日耳曼人使用的盧恩文（Rune）等，主要是把象徵符號標記在紙片，或戒指、項鍊等物品

人類或動物吐出舌頭嚇阻邪魔的雕像，常供建築物辟邪之用。這樣的現象散見於世界各地。照片攝於德國高斯樂的馬可德廣場。

上，用紙張、木片、石頭、金屬及骨片也可以。

十四世紀中葉歐洲黑死病（鼠疫）的流行使得人口約只剩到原本的三分之一，在鼠疫的陰影籠罩下，每個人都處於不知何時可能患病死亡的恐怖之中，在那個時代，辟邪護符是一般人的日常必需品。

在基督教會的觀念中，十字架辟邪的效力最強，因此只要是十字形的事物都可以用來當作護符。當時的人習慣在玄關或門前用粉筆或爐灰畫上十

盧恩文字護符（圖左）。相傳盧恩文字是北歐神話的主神奧丁發明的文字，功用是當作咒文。圖中狀似英文字母「H」的文字，被稱作Hagall或Hagalaz，象徵著冰雹。這是守護人類不受突然發生的自然災害危害的護符。

六芒星護符（圖右）。兩個正三角形交疊而成的六芒星形狀（hexagram），或稱大衛之星。魔法圖陣及六芒星和星形記號相互組合，是常見於辟邪護符上的圖形。

字記號，防止惡魔侵入。

根據十八世紀初期一位專門研究基督教與惡魔的學者西尼斯特利①的研究指出，西歐中古時代為了驅趕惡靈，甚至曾經製作飲料，材料當中包含了可以用來製作興奮劑及春藥的藥草。做法是將菖蒲、薑、肉桂、丁香、檀香、肉荳蔻等十七種香草類配上三又二分之一夸脫（約四公升）的白蘭地與水後加以蒸餾。

這樣的飲料及項鍊、戒指等護符，都是經由人類的手製造出來的。然而，接下來提到的辟邪草，無須任何加工便能達到辟邪的效果。

有趣的是，一般認為極為有效的辟邪草，往往同時也是用來製造「女巫軟膏」而受到民眾敬畏的藥草。

圖為英國康禾地方的波斯堡（boscastle）魔法博物館中所販售裝有藥草的辟邪護符。

【牛至與苦薄荷】

在格林兄弟所著《德國傳說集》當中，有個故事將牛至與苦薄荷描述為接生婆與孕婦臨盆時用來辟邪的植物。

從前，有個住在哈雷（位於德國東部的城鎮）的接生婆家裡，來了一位男性水精，他希望接生婆能夠前往他位在河底的巢穴，幫他的妻子接生。結果，接生婆就像自己的媳婦生小孩一般盡心盡力，水精的妻子因此十分感激，為了讓接生婆能夠平安回家，給了她這樣的忠告：「我丈夫付你的錢，切記不可以全拿，只能拿一

水精在德國的傳說中，不僅有家庭，還會到市集買肉，也有生產力，具有許多像人一樣的特徵。由於皮膚呈綠色，腳底下總是濕漉漉的，因此一般人能夠輕易分辨出來。照片中的水精有著兩條分歧的尾巴，原形應該取自古代希臘神話中的水妖賽蓮（siren）。攝於德國古威堡，是市政府官廳外牆的裝飾。

苦薄荷

牛至

點。從河底回到地上時，那邊應該生長著牛至及苦薄荷，一定要馬上抓牢。」接生婆照著她的話做，因此才能平安回到家。

也有故事提到，受到水精襲擊的孕婦，因躲在牛至及苦薄荷叢生的草叢中而得救。因為有這樣的故事，所以接生婆相當看重這兩種植物，往往會將之放在孕婦的臥床及嬰兒的搖籃中，甚至帶在自己身上，並勸告民眾依樣畫葫蘆。據說在德國的萊比錫，藥草販常常會在市集中兜售這兩種草藥。

《德國傳說集》當中有幾篇故事都提到接生婆幫助水精生產的情節。由於水精被認為是異教的自然神，受基督教排斥；而且水精平時住在水底，因此無法在陸地上生產，只好強行將接生婆帶回巢穴。就算心裡再不願意，接生婆一旦接受委託，也只得硬著頭皮完成任務。只是嚴格來說，畢竟沒有人打從心底樂意幫水精接生，就算只是讓人在背後流傳曾幫水精接生，事情也會很麻煩。因此她們選用傳說中水精討厭的藥草製成辟邪護符，保護自己不成為水精的目標。

透過這些傳說可以窺見接生婆保護自己不受惡魔及異教怪物侵擾的方式。這些故事的背景多是獵巫的時代，當時普遍將嬰兒死產歸咎於接生婆將嬰兒的屍體奉獻給惡魔，若有嬰兒死產，接生婆就會被視為女巫逮捕。

唇形科的牛至（Origanum vulgare）是守護接生婆的植物，今日也稱為奧勒岡（oregano），常用作香辛料。牛至花朵呈唇形，帶淡紅色，相當可愛。葉片有近似胡椒的香氣及清爽的苦味，含有助眠的成分，因此人們常常將這種草放在枕頭底下。習俗中，接生婆將這種草當作辟邪護符帶在身邊，或許是為了用這種植物幫助孕婦入眠，紓解懷孕的勞苦。

苦薄荷（Marrubium vulgare）同屬唇形科，正如名稱所示，葉片帶有強烈的苦味，功效不勝枚舉，諸如止咳、化痰、驅除腸內寄生蟲、治療溼疹、帶狀疱疹等等。

美國原住民那瓦侯族②會熬煮苦薄荷的根，讓產前或產後的婦女服用。兩種文化中這種藥草都和接生婆與孕婦有很深的關係。

繖形科與唇形科中許多帶有強烈香氣的植物都屬於辟邪草。前人常在豢養家畜的小屋中燻烤這些植物，或是置於壁爐中焚燒，這是因為習俗中，大家認為那樣的香氣具有辟邪的效果。

其中香氣特別強的牛至，不僅可以驅趕水精，還可以保護人們不受女巫及惡魔的侵害。仍然殘存著許多女巫傳說的德國哈茨地區流傳著這樣的故事：

有兩個年輕人想要見識一下女巫究竟是如何趕赴女巫的盛宴——瓦普幾絲之夜，於是站在山裡的某個十字路口處觀察。他們將牛至及纈草製成花環擺在地面，坐在中央抬頭望向天空，不久果然看見女巫飛過天際。在其他的傳說中，也有將牛至製成的花環戴在頭上才能看見飛過空中的女巫的說法。

後來，這兩個年輕人看見一位鄰家女性乘著一輛沒有馬的馬車從空中飛過，於是拜託她也讓他們搭乘。年輕人並沒有忘記隨身攜帶前述兩種藥草，他們相信只要身邊有這些花朵便不會遭到危害。事實上他們也的確安然無事地回到家中，惡魔甚至還送給他們紀

騎上這支掃把便
能飛上天空。

我長大要
當女巫。

漂亮吧。浮士德
就是和像我一樣
的女巫跳舞的。

平時是溫和的
阿伯，但今晚
是惡魔。
男人也可以
扮成女巫。

享受現代版「瓦普幾絲之夜」的群眾女巫聚集起來召開祕密會議，這樣的情景只存在於傳說中。

現代的女巫饗宴，來的都是為了慶祝春天到來的人。

與會的人吃吃喝喝，欣賞演員或搖滾樂團帶來的表演，享受一個熱熱鬧鬧的夜晚。

「瓦普幾絲之夜」慶典一景。

跳累了，稍微休息一下。

嘻嘻，歡迎來到「瓦普幾絲之夜」

戴上角，你也可以成為女巫。

念品帶回去。

「瓦普幾絲之夜」本來是趕走冬天的妖魔、迎接春天來臨的民間習俗，也有人相信北歐神話的主神奧丁會在這一天舉行結婚典禮。然而基督教傳入之後，崇拜古代神祇的儀式受到禁止，這些異教神祇的形象就變成了冬天的妖魔，「瓦普幾絲之夜」遂成為專屬於女巫與惡魔的晚宴。

在古代，哈茨山地周邊是日耳曼民族的領土，基督教傳入的時間較晚。也因此至今在當地仍能看見許多古代神祇信仰的遺跡，一般民眾大多也並不認為女巫真的如基督教所強調的那樣恐怖。所以像前述兩位年輕人那樣，親自前往「瓦普幾絲之夜」的傳說才有存在的空間。

當地人至今每年仍然期待著這個夜晚的到來。每到四月三十日，位於布羅肯峰山麓的城鎮都會舉辦「瓦普幾絲之夜」。演變至今，已經擴大為有四十四個當地鄉鎮參加、每年超過十萬人次觀光客造訪的慶典。許多人甚至打扮成心目中女巫與惡魔的形象，並且舉辦戲劇公演、音樂會、擺設攤位等，活動規模相當盛大。

【纈草】

纈草（Valeriana officinalis）屬於忍冬科，常和牛至一起用於製作辟邪護符，在德文中稱為「baldrian」，英文則為「valerian」。中古時代，在修道院附屬的草藥園當中，大多栽種有此種植物。纈草具有優良的鎮靜及催眠效果，據說還能抑制食慾，因此至今仍獲廣泛運用，許多具有幫助入睡效果的藥草茶，大多含有纈草根的成分。

纈草的根部經乾燥處理過會帶有強烈的臭味，不習慣的人往往會捏緊鼻子逃離現場。也許就是因為這種惡臭的關係，纈草被視為是女巫用來施展咒術的材料，屬於女巫的藥草之一。我曾經在德國的草藥店購買過這種草根。雖然只買了少許的量，但那還真不是普通的臭，店家將它存放在包裹了好幾層的瓶中，臭味似乎還是能飄散出來。但若在茶中添加適當的量，臭味便能夠抑制到可以接受的程度，甚至可能會讓人上癮。雖然這個

纈草

氣味不見得每個人都能接受，但是幫助睡眠的效果確實是有口皆碑。

貓咪或者老鼠似乎也都很喜愛這種味道。以前有人專門以驅趕老鼠為業。他們帶著捕鼠籠遊走於各城鎮間，籠子中裝著用纈草根部搗碎製成的丸子，其中含有生物鹼毒素。

德國北部的哈美恩（Hameln）以「哈美恩捕鼠男」的故事而舉世聞名。當地的博物館中展示有從前專門以驅除老鼠為業之人所使用的籠子，或以之為主題的圖畫。十三世紀時，哈美恩鎮的居民，因為老鼠數量太多感到相當困擾。有一天，一名穿著破爛的人來到鎮上，表示只要付他錢就能為鎮民消滅老鼠，居民紛紛表示同意。此人隨即拿出笛子吹奏，沒想到鎮中的老鼠通通因為被笛聲吸引而跑了出來。

總之，他把鼠群帶進河中淹死，解決了居民的困擾。然而鎮民卻開始推托，不肯付錢，捕鼠人憤而離去，不久後又回到鎮上，一邊吹奏笛子一邊漫步。結果這次變成鎮上所有的小孩都受到笛聲吸引，跟著他走進某個洞穴中，然後就再也沒有回來了。

依照哈美恩市的古老文件記載，一二八四年確實曾經有一百三十位孩童突然失蹤。關

捕捉老鼠的籠子。（哈美恩捕鼠男博物館）

以消滅老鼠為業的人。（哈美恩捕鼠男博物館）

哈美恩的捕鼠男與孩童。這個故事見於格林兄弟所著《德國傳說集》（1816-1818），因布朗寧（Robert Brwoning）寫於1849年的詩作《吹笛人》（the pied piper）而廣為人知。（哈美恩捕鼠男博物館）

於失蹤的原因眾說紛紜，沒有確切的答案。然而哈美恩鎮鼠害相當嚴重卻是實情。這座城鎮座落於威悉河（Weser River）邊，建有許多利用水車磨製麵粉的小屋，因此吸引了許多老鼠。老鼠是傳播瘟疫的病媒，想當然不受人類歡迎。

【小連翹】

雖然許多帶有強烈臭味的藥草常常被用作辟邪草，葉片、花瓣的數目，以及根部的形狀，也往往是考量的重點。像擁有三片葉子的幸運草，在基督教是三位一體的象徵，四葉的幸運草則代表了十字架，被視為神聖的植物，在辟邪方面具有強大功效。

自古西方人就認為數字「5」帶有神聖性，常常把它用在辟邪上。例如可以一筆畫出的五芒星（pentagram）除了被視為是神聖的象徵外，人們也常常在玄關大門上畫上這個圖案，充當辟邪護符。就算到了基督教盛行的時代，「5」仍然是一個特別的數字，這是由於耶穌被釘在十字架上時身體上共有五處傷痕（五處聖痕）的緣故。

舞孃的獎賞。王爾德（oscar wilde）於1891年以新約聖經為題材寫成了一齣戲劇《沙樂美》（Salome）。是關於沙樂美愛上約翰的故事，內容悲悽殘酷。英語版於1894年出版，插畫由19世紀末的畫家比亞茲萊（Aubrey Beardsley）所繪。

小連翹有五枚花瓣，前人認為這種草具有特殊的力量。小連翹的葉片與花朵有著分泌精油的腺體，這種腺體根據草本身品種的不同，外觀上呈透明或黑色點狀。將花苞用手指揉碎，指頭上會沾滿紅色汁液。從小連翹中提煉出的精油也呈現瑰麗的紅色，有的人或許會覺得像血液。

貫葉連翹（Hypericum perforatum）在德文中稱為「Johannes kraut」，在英文中則稱為「Saint Jones wart」，兩者的意思都是聖約翰草。這裡的約翰，指的是在約旦河為耶穌洗禮的施洗者約翰。他被加利利統治者希律・安提帕（herod antipas）憎恨，最後因為他那沒有血緣關係的女兒——沙樂美的強烈要求而遭斬首。前人認為植物上的斑點即為在行刑時飛濺的血液，而紅色的汁液就是約翰的血。

小連翹日文漢字寫為「弟切草」。這是個令人毛骨悚然的名字，其由來記載於江戶時代的百科全書《和漢三才圖會》（成書於一七一三年）當中。

在西元九八四至九八六年間，掌理日本朝廷的花山院上皇有個叫做晴賴的優秀鷹匠，

貫葉連翹

擅長使用藥草治療獵鷹身上的傷口。藥方是不外傳的機密，他的弟弟卻將它洩漏了出去，因此憤怒的晴賴砍下了弟弟的頭。據說該種密傳藥草就是所謂「弟切草」。

小連翹對發炎及外傷相當有效，這點印證了上述關於晴賴的傳說。不管在日本或歐洲，這種植物背後都同樣有著瀰漫血腥氣息的故事，相當有趣。

小連翹的紅色汁液雖然讓某些人感到不舒服，但因為它的奇妙力量，成為一種地位很高的辟邪草。西方人認為這種植物具有驅趕讓人生病的惡魔力量，懸掛在家門或窗口，能夠保護家屋不受落雷擊中。

據說小連翹的力量在六月二十四日最大，這一天是夏至，過去西方人認為每到這天妖怪和女巫會紛紛現形，因此為了驅趕魔物，前人生起火堆將製作成魔物外觀的玩偶丟入火中焚燒，這就是至今仍流行於南德的風俗「約翰火祭」。

這一天對採藥人來說是特別重要的日子，這是因為從前的人相信這天採摘的藥草最為有效。不同的藥草又分成適合於朝露降臨之前或黎明等不同的時間採摘，因此選在這天出外採藥的女性，往往必須從靠近黎明的時分便待在採集地準備。

春天開花的藥草在此時結出果實，但也有些藥草是秋天才開花。在這一天，採摘藥草的女性可得拿出所有關於藥草的知識和傳統。在夏至舉行的民間儀式後來也收編進基督教曆中，成為紀念施洗者約翰的日子。

在日本，採茶通常選在所謂「八十八夜」進行，也就是從立春算起第八十八天，大約是五月二日左右，距離立夏不到幾天。不管是西方還是東方，對於以農耕

約翰火祭。從前有女性頭戴小連翹製成的花環，圍繞著火堆跳舞的習慣。本圖為19世紀的畫作。

維生的民眾來說，熟悉自然界的週期循環是相當重要的事情，許多農耕儀式亦由此誕生。

【蕁麻】

想名列為辟邪草的條件並不困難，從前的人好像隨隨便便都能想到可以辟邪的理由。其中較為簡單的，像異葉木犀就只因為帶刺，所以獲選為具有辟邪效果的植物。

蕁麻（Utrica dioica）也因為帶刺而被認為具有解除詛咒的力量。它的葉片為茂密的刺狀毛所覆蓋，這種刺含有會導致皮膚發炎症狀的乙醯膽鹼及血清素，所以被刺到時相當疼痛。如果嘗試觸摸這種植物一定會馬上後悔，因為疼痛可以持續整整半天以上，碰到這麼恐怖的刺，相信惡魔也會逃走吧。

安徒生寫的童話故事〈野天鵝〉中也使用蕁麻來解除詛咒。親切的仙女來到么妹艾利莎的夢裡，告訴她如果想解救受到詛咒變成天鵝的十一位兄長，就必須用蕁麻編成十一件襯衣給牠們穿上。艾利莎的整隻手都被蕁麻刺得腫了起來，卻還是努力地編織。

據說從前平織的紡織品所使用的纖維是取自蕁麻的莖部。它的刺只要經過加熱或將葉片乾燥處理，即可取下。可憐的艾利莎若是早知道這點，就可以輕鬆不少了。

格林童話當中還有一個相當類似的故事，就是〈六隻天鵝〉。故事中，妹妹為了解除被變成天鵝的六個哥哥身上的詛咒，必須使用「星之花」編織襯衣。

在某本德文字典中，水仙的別名稱為「Sternblume」（星花），大概是由花的外觀命名的。無論怎麼想，水仙都不太可能編成襯衣，因此在〈六隻天鵝〉故事中登場的花，想來並不是水仙。

蕁麻

艾利莎當時如果也能使用這麼方便的紡織機就好了。這是忠實呈現中古世紀時市場景象的現代慶典，圖中的女性正在紡線。（攝於德國）

〈六隻天鵝〉。妹妹被捆綁在火刑柱上，手上拿著親手編好的襯衣。這時天鵝飛來，穿上襯衣後兄長恢復人形，故事得以喜劇收場。只是獵巫的行動一直持續到18世紀末，對當時的人而言，這樣的奇蹟卻不曾發生，童話跟現實的落差還是很大的。德裔畫家奧圖（otto Ubbelohde）繪，1907年。

在翻譯本中，一般將其譯為菊科的柳葉菊，不過在研究格林童話的學者當中，也有人認為事實上這是一種不存在的植物。「星之花」這個名字十分好聽，然而並不讓人覺得像蕁麻一樣，具有解除詛咒的魔力。在命名上，也許安徒生比較高明。

【榛樹】

除了草以外，某些樹木也具有辟邪的功效。樺木科的榛樹（Corylus avellana）即是頗廣為人知的例子。這種樹擁有不可思議的力量，常常出現在各種傳說當中。

格林童話有這樣一個故事。那是當耶穌還是嬰兒時的事。某天趁耶穌正在午睡，母親馬利亞前往森林中採草莓。這時從草叢中突然爬出了一條蛇，馬利亞拔腿就

沉睡的嬰兒基督。從這張畫可以感受到年輕的馬利亞溫柔的母愛。右方的幼童是之後被希律·安提帕斬首的施洗者約翰。約翰的母親與馬利亞是妯娌關係。拉斐爾繪，〈戴冠的聖母〉，1510-1511年左右。

跑，蛇卻緊追不捨。於是馬利亞便躲在榛樹低矮的樹叢中，不久之後蛇就離去了。

馬利亞於是說道：「榛樹啊，希望你以後還能繼續保護人類，就像剛剛保護我一樣。」從此之後，榛樹的樹枝就成了可以用來驅趕蛇或爬蟲類的護身符。

榛樹

接下來的故事也出自格林童話。灰姑娘（仙度瑞拉）的父親在出遠門前詢問灰姑娘想要什麼禮物，她表示自己只想要父親回程中帽子碰到的第一根樹枝，而那就是榛樹的樹枝。灰姑娘將它種在母親墳前，小鳥紛紛飛到枝前替灰姑娘帶來了鞋子跟禮服，灰姑娘才得以進城堡參加舞會，與王子結婚，過著幸福快樂的日子。

格林童話當中的〈灰姑娘〉，與今天我們熟知的迪士尼動畫中仙度瑞拉的遭遇出入相當大。在故事中，變出南瓜馬車與老鼠侍從的不是仙女的魔法棒，全都是飛來榛樹前的小鳥的功勞。

中古時代歐洲曾經有過一條法律，規定在讓渡財產時需要交給對方樹枝作為證明。這條法律出自日耳曼民族最古老的法律《沙力卡法典》，該法典據推測制定於西元五一〇年前後。簡單加以解釋，就是債務人應該將象徵還債責任的草莖交給債主，若在還錢時發生遲延等情事，債主可憑手中的草莖提起告訴。

這麼說來，灰姑娘的後母帶來的兩個女兒要求的禮物都是漂亮的禮服或寶石，灰姑娘要求的卻是財產讓渡權。父親交給她榛樹的樹枝，雖然不是草莖，卻象徵了兩人之間的承諾，如此看來，其實灰姑娘是個相當注重實際面的女孩。

另外，尖端分叉的榛樹樹枝，同時也可以用來探查（或稱占卜）地底有沒有地下水層或金屬礦脈。據說它能夠捕捉到發自地底的礦脈或地下水的震動，如果運氣不錯發現的

山丘上的人水平拿著尖端分叉的榛樹樹枝走著，若地底下有礦脈，則樹枝會激烈震動，並且像受到地面吸引一般向下垂。孟斯德（Sebastian Münster），繪於1544年。

據說榛樹能夠探測到地底下微妙的變化，並且也有實際因而發現礦脈或地下水層的例子。至於其功效是否屬實，現代科學家仍在探討當中。阿格里科拉（Georgius Agricola）著《礦物誌》，1580年。

話，想必可以大賺一筆，由此來看，榛樹還有可為人帶來財富的優點。

在德國有種風俗，使用樹木的嫩枝拍打彼此祈求健康與幸福。在這種儀式中使用的，是合花楸和杜松子，以及榛樹的嫩枝。

榛樹屬於落葉灌木，雖然不能算草類，然而確實屬於有用植物，因此在提到藥草之餘，在此順道提及。榛樹的果實稱為「榛果」（hazelnut），可以當做點心、用來製作食用油及香水、肥皂。榛樹除了用來辟邪以外，還能夠帶來健康、幸運及財富，守護作用奇佳無比。

【槲寄生】

榛樹相當貼近一般人的生活，對許多人來說並不陌生，至於槲寄生（Viscum album）則往往因其神祕色彩而讓人敬畏三分。槲寄生是種不可思議的植物，從它的名稱就可以得知，它唯有靠寄生在其他樹木上才能存活，並且種子的傳播必須仰賴吃下果實的鳥類排便來進行。果實屬於漿果類，汁液黏稠，可用來製作捕鳥的陷阱，並且有降低血壓的效果。

漿果的顏色是帶點透明的珍珠白，附著在細小的枝椏根部，這樣的情景看起來帶有幾分神祕氣息。在德國，常可在落葉樹上找到寄生的槲寄生。

這種植物有個別名，叫女巫的掃把，常用以裝飾聖誕樹。若女性站在裝飾了槲寄生的聖誕樹下，則任誰都可以上前親吻她，這樣的習俗一直流傳至今。由於槲寄生結果的數量相當多，因此前人認為是多

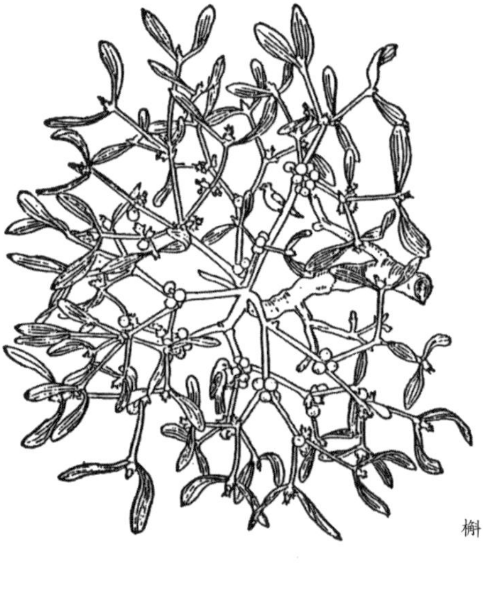

槲寄生

產與豐饒的象徵，加以崇拜。

在凱爾特民族信仰的德魯伊教僧侶進行儀式時，槲寄生也扮演重要的角色。德魯伊僧侶手執黃金鐮刀，將寄生在神木（橡樹）上的槲寄生砍下。在地上則墊有用來承接果實的布，所接到的果實可以作為護身符。由於槲寄生很少寄生在橡樹上，因此更增添了神祕氣息。

有個有趣的傳說是這樣的：本來槲寄生是能夠獨立生長的植物，由於基督受難時的十字架是用這種植物做成，因此它感到羞恥，縮著身子不敢抬頭，慢慢地越來越小，終於無法獨立而只能靠寄生成長。在這個傳說中，槲寄生簡直具有人類一般的性格。

然而基督所背負的十字架其材質到底用哪種樹製成，至今眾說紛紜，橡樹、白楊這些樹種都曾被列舉出來，但仍然無法得到定論。

2 適合採藥的日子

藥草對民眾的日常生活來說相當重要，因此必須特地等到最能發揮效果的日子才去採摘。六月二十四日是紀念聖約翰的日子，同時也是對採藥人而言最重要的日子，不過，採藥的時間是星期幾也十分重要。

巴伐利亞大公的御醫約翰．哈特利（Johann Hartlieb）在他所寫的《禁忌的技法、迷信、魔法全書》（一四五六年）當中提到，為了製作「女巫軟膏」，有些人會固定在一週中某些日子採集某些特定的藥草。

星期天　野苦苣
星期一　小陰地蕨

星期二　馬鞭草
星期三　山靛
星期四　長春花
星期五　羊齒

之所以不包括星期六，是因為猶太教認為星期六是安息日。雖然基督教有不少宗派認為星期天才是安息日，但在猶太教的觀念中，從星期五太陽下山之後到星期六日落之前才是安息日。也就是說，前面所列的時間表在基督教眼中看來是屬於異教的習俗。

前面提及的許多藥草並非用來製造「女巫軟膏」，反而更適合用來當作護身符，甚至不乏可以食用者。民眾之所以對這些藥草與女巫產生聯想，是因為特定的藥草必須在一個星期中的某一固定日子採摘，這是異教的習慣，絕對無法見容於基督教。

【野苦苣】

野苦苣（Cichorium intybus）在舊時習俗中必須在星期日採摘。早在西元前四世紀，埃及的紙草紙文書裡便已提及這是一種帶有魔力的植物。

在舊約聖經中，摩西領導以色列人出埃及的前一天晚上，他們的晚餐是無酵餅與某種「苦菜」。關於這苦菜究竟是哪一種菜，並無定論。曾經有過辣菜根、牛膝草、芫荽、苦艾、苦薄荷等說法，亦有應該是野苦苣的說法。上述的種種藥草，全都帶有苦味與辛辣味。

野苦苣

埃及法老王禁止以色列人離開埃及，於是耶和華採取了行動，指示以色列人在自家門前的柱子和門楣上塗抹羔羊的血，之後神就「擊殺了埃及地一切頭生的」（出埃及記十二章）。

舊約聖經中記載，塗在門前的血是一種記號，神的懲罰便「只擊殺埃及人，越過以色列人的房屋」。當天晚上，以色列人吃下無酵餅與苦菜，第二天便朝著應許之地，自埃及出發。

這便是逾越節（Passover）的由來。神下令訂這一天為紀念日，必須永遠遵行這樣的儀式。根據了解希伯來文化的人

耶穌基督與弟子的最後晚餐也是在逾越節的夜裡。「耶穌對他們說：我很願意在受害以前先和你們吃這逾越節的筵席。」（路加福音22：15）圖為最後的晚餐，出自15至16世紀的德國畫家手筆。

的說法，至今以色列人的逾越節（三月~四月）晚餐仍然食用無酵餅及帶有苦味的藥草，來追思祖先經歷的苦難。苦菜一般似乎都使用辣菜根，在日本，據說使用的是蘿蔔葉和芥末。

塗抹羔羊的血，是遊牧民族的辟邪儀式，製作無酵餅食用則是農民祈禱豐收的古老傳統，而苦菜想必是用來搭配餅吃的，由此可以窺見舊約聖經世界的風貌。

熬煮野苦苣的根部，可以代替咖啡飲用。但在購買市面上販賣的野苦苣

以色列人在逾越節時，需朗誦禮拜用的祈禱文，圍著餐桌追思祖先的種種苦難。班哈特（J.S. Bernhardt）著《以色列的宗教儀式》，1723年。

茶試喝過後，實在覺得很難稱得上好喝。在菜市場常可以看到的菊苣其實就是野苦苣。透過人工栽培出的菊苣，葉片柔軟，並聚集成竹筍般的層狀。可以用在沙拉或醃黃瓜等泡菜當中，雖然帶點苦味，但十分美味，可以促進食慾。

還有一個關於野苦苣的傳說。據說這種草是一個等不到戀人的少女所變成的，德文名稱「wegwarte」（在路旁等待）即由此而來。

在傳統歐洲藥草學當中，藍色的花可以治療憂鬱，並且可用來製作眼藥。野苦苣開出的正是這樣的花，可愛的姿態讓人只是看著便覺得心情平靜。

在基督教傳入之前，民眾和藥草已經有了密不可分的關係。因此幾乎所有藥草，都理所當然地被視為帶有異教色彩，在不知不覺之間，成了恐怖的「女巫藥草」。

【小陰地蕨】

小陰地蕨（Botrychium lunaria）在前面的列表中，被列為必須在週一採摘。根據傳

小陰地蕨

說，這種草在月夜摘下，辟邪的效果最強。其德文名稱為「mondraute」，英語則為「moonwart」，兩者都帶有「月亮」的意思，由此可見它和月亮的淵源之深。

所謂的辟邪草發揮功效的方式形形色色，例如服用、製成軟膏塗抹、隨身攜帶、懸掛在門口等等。其中小陰地蕨採取的是掛在門口的方式。小陰地蕨在德文中別名瓦普幾絲草，在女巫舉辦宴會大肆慶祝的瓦普幾絲之夜，家家戶戶都會用它作為辟邪護符。

另外，加藤憲市所著《英美文學植物民俗誌》中提到許多有關小陰地蕨的傳說。如煉金士曾經使用它煉金、妖精則用這種草來當作馬車，民眾則用作祈求平安生產的護符。最有趣的是，只要對著這種草默禱，據說不管再怎麼堅固的鎖都可以打開，簡直就是專門保佑小偷的草。

小陰地蕨屬於羊齒植物的一種，隸屬陰地蕨屬。每次見到這種植物，總有種難以言喻的感覺。它的葉片呈羽狀，沿著細小的莖伸展，肉眼看起來像是由許多小葉片組成一個大葉片。然而那看起來像是小葉片的，其實只是葉子本身的一部份，稱為羽片，看起來有點像是銀杏的葉片，讓人感到不舒服。

植物學者牧野富太郎在《牧野日本植物圖鑑》當中，說明它的羽片呈扇狀；德國的植物圖鑑當中，也形容它的葉片呈半月形的扇狀。然而它還是最像銀杏的葉子。遺憾的是，這種植物目前在日本面臨絕種的危機。

愛西斯（Isis）女神。愛西斯是古埃及神話中主神奧西利斯（Osiris）的妻子。愛西斯的神像，常見的有頭上戴著王座（右圖），以及將象徵太陽的圓盤夾在兩根牡牛角之間的形象（左圖）。通常若是後者，手上則會抱著她的兒子賀魯斯（Hours），成為後世聖母子像的原型。且其頭部的裝飾，比起頂著個王座，更給人神祕與華麗的感受，因此也成為塔羅牌繪畫的主題。兩者皆為大英博物館館藏。

【馬鞭草】

馬鞭草（Verbena officinalis）是須在週二採摘的藥草。古代用來裝飾祭壇，是備受尊重的花。馬鞭草在盛夏時開出淡紫色的小花，呈穗狀密集，相當漂亮。

馬鞭草在古埃及又稱「愛西斯之淚」，在舉行儀式時會把它丟入火中焚燒；而在羅馬神話當中，則以主神朱庇特（Jupiter）的妃子來命名，稱為「朱諾之淚」，亦用於點綴祭壇；在北歐神話及波斯神話中，則分別獻給雷神索爾及太陽神。

馬鞭草這種充滿神聖性的植物，因為同時具有催情效果，在中古時代的歐洲也用於結婚典禮等場合。並且還因為能夠防止傳染病，成為眾所週知的辟邪草。

在德國，新生兒接受洗禮時，會將馬鞭草及起司與幼兒的身體綁在一起，保護幼兒不受惡魔侵擾。宗教改革家馬丁．路德曾經不悅地說這種行徑完全是迷信。

馬鞭草在德文中稱為「鐵之草」（Eisenkraut）。這個名字的由來，是因為它常被用來治療刀劍傷。也有傳說指出，當耶穌被釘在十字架上時，用來幫祂止血的便是馬鞭草。將秋天採摘的馬鞭草整株曬乾後製成的藥材，對

馬鞭草

於治療腫塊及傷口十分有效。

這種植物的葉片對於呼吸器官及腎臟方面的功能障礙相當有幫助。提煉出來的精油雖能防止落髮，不過不具有專業知識的一般人，最好避免擅自使用，特別是孕婦絕對不可以濫用，因為這種植物雖然看上去可愛，但其實含有毒素。

【山靛】

山靛（Mercurialis perennis）屬於澤漆科，在古老的習慣中須於星期三採摘，具有許多療效。山靛學名當中有「Mercurialis」這個字，其語源目前有各種說法，未有定論。「Mercur」的意思是水銀。因此也有人猜測這種草使用在跟水銀有關的煉金術當中。但也有說法指出是來自於羅馬神話中的墨丘利斯「Mercurius」（英文中稱為Mercury）。而「Mercurius」其實就是希臘神話中的赫密斯（Hermes），是掌管商業與旅行的神，同時也教導人類利尿及治療便祕的方法，而山靛事實上也有利尿效果。

這種草在德文中稱為「Bingelkraut」。關於「Bingel」這個字，詳細情形雖然尚未能確定，然而推測應該是源自於低地撒克遜語（一種流行於德國北部和荷蘭東部的少數民族語言）中「排尿」的動詞。這麼一來又剛好吻合墨丘利斯的傳說。

在古代，由於山靛對於婦人病，特別是生理期不順特別有效，因此常製成草藥茶。不過，因為新鮮的葉片含有毒素，所以必須曬乾後使用。山靛中含有的皂素與紅血球細胞膜內的膽固醇結合後，會破壞整個細胞膜，若不小心誤食，會造成血便與血尿等現象，或許正因為如此，才被視為

山靛

「女巫的藥草」。

附帶一提，日本山中野生的山靛是日本最早用於製作染料的植物。從它的名字來看，也許有人會以為是用它來製成藍色染料，不過因為山靛不含藍色的染料色素靛青，所以會染成泛綠的藍色。從前用來染成藍色的事實上是蓼科的蓼藍和爵床科的馬藍。

【長春草】

長春草（Sempervivum tectorum）屬於景天科，於星期四採摘，通常生長在家畜小屋或倉庫的屋頂上。葉片聚集呈蓮座狀，多肉質，夏天開出粉紅色的花朵。在德文中稱為「hauzwurz」或「dachwurz」（屋頂上的草），而日文名稱中也含有「屋頂」字樣，顯示這種植物與屋頂有著密不可分的關係。

法蘭克王國的查理曼大帝（Charlemagne，西元七四二～八一四年）所頒布的《莊園管理條例》（Capitulare de villis）（西元七九五年）當中，對於國王領地的管理和經營有相當詳盡的規定。其中甚至規定庭院中應該種植何種植物，光藥草便超過了七十種，最後並指示園丁應該在家中的屋頂種植長春草。

當時一般相信這種草可以避免雷擊、火災，並且保護住在其中的人免受魔法侵害。據說和羊齒及小連翹一樣，在聖約翰日，也就是六月二十四日效力會達到最大。

長春草

然而，民間亦流傳著若長春草在誰家的屋頂上開花，象徵著那一家將有人過世這樣的說法。

長春草可以視為藥草，也可以用在沙拉和藥草茶中食用。據說對於口腔發炎、夜間頻尿、拉肚子、生理期不順等症狀相當有效。又有一說可以治療雀斑，但是其真實性還有待查證。

修女赫德嘉·馮·賓根在《自然史·自然的治癒力》書中提到，長春草具有增強精力的效果。正常男性一吃下去，便會燃起熊熊的慾望，就算年老體衰也能重振雄風。不過似乎無法解決女性不孕的症狀。另外，據說將長春草榨成汁，持續滴入喪失聽覺者的耳中，則聽力可望回復。不過，這種說法就更難以分辨真偽了。

由於長春草並不是太稀有的植物，若真有上述奇效，倒不免讓人感到吃驚。

【羊齒】

羊齒是相當不可思議的植物。約從四億年前便出現在地球上，幾乎未經進化，但卻不至於絕種，一直存活至今。其中真蕨類和擬蕨類在分類及葉片形狀上雖然都不相同，但是從前卻同樣被視為帶有魔力的草類。

根據修女赫嘉德的記載，歐洲的棉馬羊齒（Dryopteris filix-mas），是連惡魔也害怕的植物，並且能守護人不受雷霆、暴雨、冰雹的侵襲。且據說健忘的人及無知的人，只要常常手握這種植物的孢子（事實上是孢子囊），就能改善症狀。

羊齒葉片的背面附著許多孢子

歐洲的棉馬羊齒

囊，或許有些人覺得很噁心，然而這孢子囊其實具備許多不可思議的力量。例如過去的人相信將孢子囊佩帶在身上便能夠隱形、或變得刀槍不入，還可以讓自己的戀情就此一帆風順。根部的塊狀物，則喚做「約翰之拳」，可以作為護身符。

據說羊齒會在六月二十四日（聖約翰日）的夜晚開花，並且釋放出孢子。不過羊齒並非顯花植物，因此此一傳說可能有誤，但每到當天，還是有許多人四處奔走，收集羊齒的孢子。因為熱中於此的人數眾多，十七世紀時，巴伐利亞（德國南部）的麥斯米蘭（Maximillian）公爵，甚至明令禁止以使用魔法為目的收集孢子，教會也發布禁止採集羊齒孢子的命令。

同屬羊齒類植物的石松，在德國稱為「女巫的小麥粉」（Hexenmehl），在日本則常使用孢子來當作放炮時常見的仙女棒的材料，在過年時用來裝飾的裡白蕨，其實也屬於羊齒類植物。由於葉片背面呈白色，象徵著心中也是純潔無暇的意思，因此將葉片翻過來裝飾在門前，這種做法帶有些許咒術色彩。

羊齒除了這些咒術方面的用途之外，從很早以前開始便用來驅除絛蟲和蟯蟲等寄生蟲。通常會用根部磨成的粉或者提煉出的精華來治療，可以收到立竿見影的效果。但是若服用過多，則會引起中毒症狀，甚至導致死亡，因此一般人不可自行嘗試。女巫的藥草是帶有魔性的植物，其中有許多同時也具有辟邪的效果。從前，民眾為了防止惡魔進入家中，往往以藥草煙燻屋內，或者懸掛在門口和隨身攜帶，甚至為了預防家畜感染疾病而混於飼料中餵食。只是，到最後，一般人往往忘記了如此做的理由，僅只是遵循自古以來的習慣照做而已。

從前每到立春的前一天，家家戶戶會將沙丁魚頭插在木樨樹枝上，以趕走惡運招來福氣。到了現代，日本不知道還有多少家庭遵循此一習俗？辟邪草或許已經跟不上時代，然而在每個人的心中，應該或多或少都期望著，能藉由某種東西來趕走災難與惡運，不是嗎？

註釋：

＊註①——西尼斯特利（Ludovico Maria Sinistrari，一六二二～一七〇一），十七世紀天主教教士，研究惡魔學，曾寫下驅魔（Exorcism）的詳細步驟。

＊註②——那瓦侯族（Navajo），印地安部落名稱，為現存北美最大部落，於科羅拉多州北部擁有廣大的保留區。

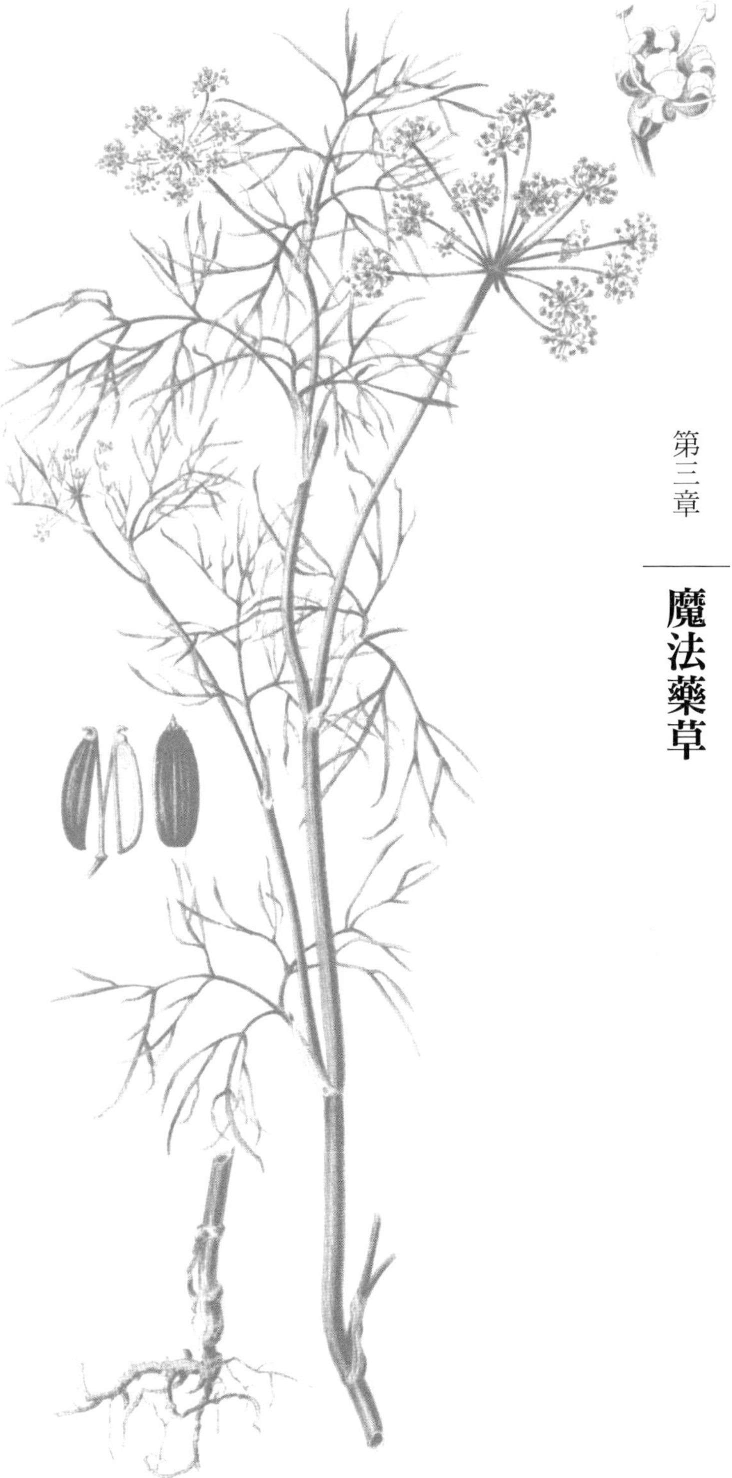

第三章

魔法藥草

1 藥草的魔力

「魔法藥草」這個名詞相信一定讓許多人感到莫名的興奮。如果藥草真的有魔力，到底會發揮什麼樣的效果？如果善加運用，是否能夠得到平常不可能擁有的力量？或者解決戀愛中煩惱已久的問題？甚至能夠免除病痛，不必面對死亡的恐懼？

魔法這個詞，英文為「Magic」，在德文中則寫成「Zauber」。這兩者都可以譯成魔法、魔術，或是妖術。要是有一間魔法學校，相信辦理入學手續的人一定絡繹不絕；但若說是妖術學校，那大概會嚇跑學生。然而，咒術本身也分成恐怖的詛咒，以及有正面防護效用的咒語。

魔法也好，妖術也罷，具有魔力的藥草彷彿能夠打開通往另一個世界的門窗，因此有許多人為此著迷。

正因為如此，才會有這麼多關於女巫藥草的描述。有許多傳說與作品裡，都記載著這些藥草超現實的魔力。在這些情節當中，使用魔法可說是理所當然的，因此閱讀時就像走入了一個不可思議的世界，任想像力盡情發揮。在本章當中，介紹的是這些帶有幾分超現實幻想色彩的「女巫藥草」。

【曼陀羅草】

首先介紹茄科植物曼陀羅草①（Mandragora officinarum=M.vernalis）。這種植物在魔法藥草中最具代表性，在英文中稱作「Mandrake」，德文名稱則取自古代日耳曼預言家阿魯那（Alruna）之名，稱作「Alraun」或「Alraune」。

曼陀羅草

曼陀羅草源自地中海東岸，坊間流傳有大量關於這種植物的奇異傳說。它的根部分叉成兩節，看起來就像人的下半身；葉片成蓮座狀生長在地面上，有點像是蓬鬆的人髮，整株看起來就像是人類的形象。

曼陀羅草之所以名列女巫的藥草，除了因為含有阿托品、東莨菪鹼等生物鹼，像人的外觀也是重要的原因。

關於挖掘其地下根時的傳說就更恐怖了。據說曼陀羅草被挖出來時會發出恐怖的尖叫聲，如果挖掘的人沒有戴耳塞，聽見這種聲音之後會發狂而死。因此聰明人想出來的辦法是，將繩索的兩端分別綁在曼陀羅草及狗的身上，靠狗把它從土裡拉出來。當然這樣一來，就只好犧牲狗的生命了。

利用小狗挖出曼陀羅草。

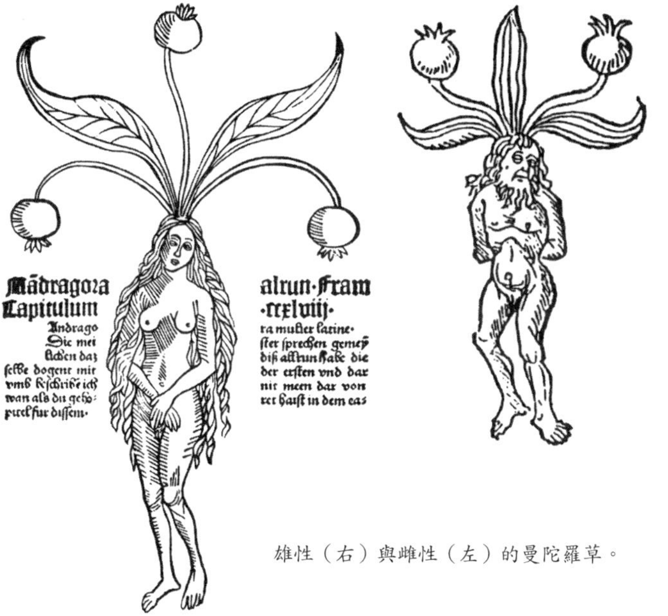

雄性（右）與雌性（左）的曼陀羅草。

另外，據說曼陀羅草是從死刑犯行刑後漏到地面的尿液或精液中生長出來的。也有傳說指出擁有這種植物根部的人雖然能夠得到暫時的財富與幸福，但最後都會遭致毀滅，是一種不吉利的植物。從前有些女性只不過是擁有曼陀羅草的根部，就被認為是女巫而遭逮捕；不過另一方面，也有人認為曼陀羅草的根可以用來當作珍貴的護身符，價格相當昂貴，因此常常有人買到假貨。

在傳說當中，曼陀羅草分成雌雄兩性。有一幅十六世紀流傳下來的圖畫，就以男女成對的曼陀羅草為主題。由於曼陀羅草的傳說實在太出名了，關於植物實際的記載反而很模糊。實這種植物的確分成兩類，只是並不如傳說中分類為雄株和雌株，而是分成春天開花（M. vernalis）及秋天開花（M. autumnalis）。

春天開花的曼陀羅草花呈紫褐色，果實則像小蘋果，帶有甘甜的香氣。魔法師常用的是這種春天開花的品種，也就是傳說中提到的雄曼陀羅草，幾乎都供藥用。

秋天開花的曼陀羅草，葉片呈皺縮狀生長於地面，像是萵苣一般，花呈淡紫色，是所謂雌曼陀羅草。古代的蘇美人用根及葉片和其汁液來治療牙痛或當做健胃劑。

曾經有人送我一袋秋天開花的曼陀羅草種子，我悄悄下定決心，等到植物長成之後，一定要親自將根挖出來，看看傳說是真是假，然而等來等去，連芽都沒有發出來。幾年後，我戰戰兢兢地將土挖開，但種子已經消失無蹤，不知去向了，看來這種植物並不好種。

由於曼陀羅草的傳說充滿神祕氣息，許多文學家都以它為題材進行創作。例如德國作家愛華斯②的小說《愛羅尼》（Alraune，一九一一年）就是一個充滿幻想氣息的故事，內容敘述藉由人工授精的手法，創造出一位活生生女性，名叫「愛羅尼」。在日本也有

秋天開花的曼陀羅草。

發芽後第七年的曼陀羅草。

穿著衣服的曼陀羅草，藏於德國博物館（慕尼黑）。

以擬人的曼陀羅草為題材的漫畫，其中描繪的形象皆為妖艷的女性，幾乎沒有男性角色登場。

位於慕尼黑的德國博物館內就展示了一個穿了一身茶色連身裝的曼陀羅草根。穿上衣服的曼陀羅草根雖然看上去不易分辨是男是女，但確實有幾分人類的形象。位於德國著名觀光勝地海德堡的藥事博物館，那裡收藏的曼陀羅草看起來就只像是普通植物的根部，而非這麼奇異的造型。另外，在前往漢堡市民族博物館附設的學術研究機構「女巫研究所」時，該所所員曾經給我看過假的曼陀羅草護身符，其形狀也不太像人類。

說到根部分叉成兩股的植物，大概有不少人會聯想到人參。不過人參乃是具有強身效果的藥材，屬於五加科，至於曼陀羅草，則據說有促進性慾的效果。

在舊約聖經〈創世紀〉（廿九：十八～三十：廿三）當中有著這樣的故事：

以撒之子雅各，在叔父拉班手下工作。拉班膝下育有一對姐妹，姐姐叫利亞，妹妹叫拉結。雅各愛上了妹妹拉結，因此以在拉班手下工作七年為條件，希望拉班能將拉結嫁給他。

七年之後，兩人終於得以完婚，然而新婚隔天的早晨雅各醒來卻發現，在身旁的是姐姐利亞。原來這是拉班的計策，他對雅各說，當地的規矩是

雅各的父親要他與舅舅的女兒結婚，於是他便起身離家。後來他在井邊遇見趕著羊群的拉結，決定娶她為妻。由於聖經中並未提到當時利亞在場，因此圖中手插著腰神氣的女性應是拉結，至於低著頭看起來有點羞赧的應該不是利亞，有可能是陪同她放羊的夥伴。拉斐爾畫。（收藏於西斯汀教堂）

姐姐必須比妹妹先結婚，因此若要娶拉結，必須再工作七年。
於是雅各在拉班手下又工作了七年，終於完成他的願望。然而拉結卻總是無法懷孕，雅各和利亞之間卻已經育有四子，不過利亞也因為雅各被妹妹搶走，悲嘆著說，從此以後沒有機會再生更多小孩了。
到了小麥成熟的時候，利亞的兒子在田裡找到了「風茄」，帶回來給他的母親。拉結知道了這件事，希望利亞能分一點風茄給她，於是利亞很生氣的說：「妳奪走我的丈夫，還要奪走我兒子給我的風茄嗎？」
拉結只得表示：「今天我讓雅各去妳那過夜，請妳分我一點風茄。」於是當天晚上雅各依約前往利亞處過夜。就這樣利亞產下了第五個兒子，而神也知曉了拉結的心意，讓她產下了男丁。
拉結一直為不孕所苦，在以色列，男人要是沒有子女，便沒有資格供奉祭品給神殿。處在這樣的社會裡，無法生育的女性處境十分艱難，尤其雅各又已經跟姐姐利亞生了四個兒子，想必更加深了拉結對生兒育女的渴望。

就在此時，利亞的兒子替母親帶回了具有幫助受孕效果的風茄。拉結無論如何都想分到一點風茄，因此向利亞抗議，認為她應該已經不需要那種東西了。

但是對利亞來說事情並不是這樣的。她因為丈夫被妹妹所奪，可能日日夜夜都在兒子面前悲嘆，因此做兒子的才給母親帶了風茄回來，想必是希望母親能和父親重修舊好。撇開這些複雜的因果不看，兩人都是因為風茄才得以懷孕的，想必風茄的效果一定相當不凡。

這種植物在日文譯為「愛的茄子」，德文是「愛的蘋

在聖經外典〈雅各福音〉當中記載，以色列人赫金與妻子安娜之間一直沒有小孩，因此沒有進入神殿的資格。之後，由於神的恩寵，安娜終於懷孕，並產下女嬰。這名女嬰就是聖母馬利亞。喬托（Giotto di Bondone）繪，〈遭到拒絕的赫金〉，繪於1305-1310年左右。

果」，英文則是「Mandrake」，而在希伯來語當中稱為「dudaim」，希臘文中稱做「mandoragoras」。因此許多學者都認為風茄其實就是曼陀羅草。

話說回來，利亞的兒子又是怎樣把曼陀羅草挖出來的呢？他帶了耳塞，還是利用狗來挖掘呢？古希臘學者德弗拉斯特提到，在挖出曼陀羅草之前，必須在植物週邊用劍繪出三圈圓形，且採集時必須面向西方，這應該是用以對抗曼陀羅草魔力的儀式。可見在德弗拉斯特的時代，也就是從西元前四到三世紀起，一般觀念中便已認為曼陀羅草是種恐怖的植物。

不過據推測在西元前五世紀成書的〈創世紀〉中，沒有對當時利亞的兒子挖掘的方式做出任何描述。

曼陀羅草是古埃及的三大春藥之一。在圖坦卡門王陵墓的壁畫，以及陪葬的小盒子表面裝飾上，都繪有種植或採收曼陀羅草的人，然而從他們工作的情景，表情看起來一點都不害怕。

圖坦卡門王在位的時間約為西元前十四世紀左右。這樣看來，至少到西元前五世紀為止，關於曼陀羅草的怪異傳說應該尚未誕生。在那之前，曼陀羅草受到重視也許是因為希望受孕的婦女在嘗試後頗具成效造成的。

那麼，到底應該如何食用曼陀羅草呢？熬煮它的根部來吃嗎？或是將果實視為受孕的象徵，直接啃著吃呢？遺憾的是，〈創世紀〉當中完全沒有提到拉結如何食用。

根據德弗拉斯特記載，在釀造葡萄酒時，習慣將曼陀羅草的根切成小片用細繩串起，懸吊在發酵的葡萄汁所散發的氣體當中。最近聽一位在自己家中栽種曼陀羅草並且吃過果實的植物學家說，曼陀羅草的果實可以直接食用，帶點淡淡的甜味，甚至可以稱得上美味。

【茴香】

提到魔法，大概有很多人會聯想到變化身形的法術。羅馬作家阿布流士③所寫的《金驢記》（西元一二五年左右）就是跟變形有關的有趣故事。這部作品以希臘的色薩利（Thessaly）為背景，而這個區域從希臘神話的時代開始，便是魔法與幻術的發源地。

有個好奇心強的男子魯修斯（Lucius）到這座城裡來做生意。正如他所期待的，所借宿房子的女主人是個會使用各種恐怖法術的女魔法師。沒多久，魯修斯就和女僕有了曖昧關係。

女僕告訴他：「今晚主人會變成貓頭鷹，飛去找她的情人。」當晚，女主人果然將軟膏塗抹於全身上下，變成了一隻貓頭鷹。在一旁偷看的魯修斯不禁大為好奇，也想變成貓頭鷹試試看。於是他請求女僕偷偷幫他把軟膏弄到手，但女僕搞錯了，拿成擦了會變成驢子的軟膏給他。

變成驢子的魯修斯最後好不容易才得以回復人形，不過整個過程充滿了不可思議的體驗，呈現出人類的種種貪婪與慾望，一旦開始閱讀便欲罷不能。在女巫傳說的故鄉德國哈茨地區，也流傳有人被女巫變成驢子的故事，一般認為其原型便是這《金驢記》。

到底是什麼樣的軟膏把魯修斯變成驢子並沒有相關記載，因此無從得知。然而變回人形的方法卻寫得清清楚楚——吃下玫瑰花。明明是這樣簡單的條件，但是故事中每當魯修斯找到了玫瑰花，都會受到意想不到的阻撓，這也是故事有趣的地方。至於在哈茨地區的傳說中，變成驢子的男子最後是將教會的聖水灑在身上才復原的。

據說古巴比倫有種叫做莉莉絲（Lilith）的惡魔，能支配野獸與貓頭鷹，並且有一雙像禽鳥的腳，但是並不恐怖。亦有說法指出這尊雕像是兩河流域美索不達米亞的女神伊修達爾（Ishtar）。看這生動且威風凜凜的樣子，的確不無可能。根據猶太人的古老傳說，人類的祖先並非亞當的妻子夏娃，而是莉莉絲，夏娃其實是亞當的第二任妻子。據說莉莉絲因受不了亞當在性方面的要求，而拋棄了他。由於這種說法無法為基督教所接受，因此莉莉絲被形容成不服從神，且殺害幼兒的恐怖女性。在編纂聖經的時候，照理說莉莉絲的存在應該被小心地省略掉了，卻保留在舊約聖經〈以撒書〉34：14當中，是一位住在荒野中的女巫。不過到了現代，美國的猶太裔女性將莉莉絲視為第一位不屈服於男性的女性，試圖挽回她的名聲。環繞莉莉絲的種種資料，呈現出其相當複雜的樣貌。圖為製作於西元前1800-1750年左右的陶土像。（藏於大英博物館）

據女僕所說，從貓頭鷹變回人形的方法，並不比從驢恢復人形困難：「只要將茴香加上少許桂葉，浸在泉水當中，再到其中沐浴即可。」

漢字「桂」在中文中似乎也可用來表示肉桂之意。這個故事的日文譯本當中，僅僅用

茴香

一「桂」字打發，讓人無法得知是桂樹或是肉桂的葉片，不過既然是要解除詛咒，那麼帶有強烈香氣的肉桂似乎比較適合。

茴香（Foeniculum vulgare）也是帶有獨特香氣的藥草。在德文中稱為「Fenchel」，在英文中則記為「Fennel」，屬於繖形科。從根部萃取的汁液，除了用於沙拉與菜餚的調味外，加入茶中還具有解毒及利尿的效果。果實外觀看起來像是種子，添加在茶中則可以改善便祕，保證一試見效。並且，由於肚子餓時啃食這種果實能抑制空腹感，在前往教會聆聽神父漫長的講道時，有許多人都用這種果實充飢。也許這種藥草相當適合節食時食用。

雖然許多人認為貓頭鷹是不吉利的鳥，認為是女巫的手下，然而在希臘神話當中，牠是女神雅典娜的使者，也是智慧的象徵。如果百分之百能夠變回人形，那麼偶爾變成貓頭鷹似乎也還不壞。不過變成驢子，就叫人敬謝不敏了。

茴香和肉桂之所以名列能夠解除詛咒的植物當中，想必是因為所帶有的香氣。一般來說香氣較強的藥草，也會被歸類為與女巫有關的草藥。

【Moly】

雖然解除詛咒的藥草有其必要性，但畢竟預防重於治療。在古希臘詩人荷馬所創作的英雄史詩《奧德賽》（西元前八年左右）當中，就曾提到可以預防詛咒的植物。

希臘的武將奧德修斯在攻陷特洛伊後的返國途中，遇到種種苦難。路過埃阿亞（Aeaea）島時，他的部下被島上居住著的女巫瑟西（Circe），用恐怖的魔法全都變成了豬。

瑟西讓奧德修斯的部下喝下「摻有麵粉、蜂蜜及起司粉的葡萄酒」，並吃下「加了迷魂藥的飯菜」之後，再用手杖拍打他們，於是那些人就一個個變成豬了。至於這是動過手腳的食物的效果，還是手杖的效果，或者兩者皆不可或缺，就不得而知了。

奧德修斯在搜尋部下的途中，遇見了赫密斯。赫密斯是希臘神話中奧林帕斯山眾神之一，掌管商業及旅行。祂從地面拔起具驅魔效果的草，將之交給奧德修斯。多虧這種藥草，奧德修斯得以免遭瑟西的魔法影響，成功救出了他的部下。

這種藥草叫做「Moly」，據說「根黑，花呈乳白色」。實際上到底是何種藥草，迄今不少學者仍在研究。

因為記載上說，凡人難以挖出Moly，所以有人說也許那就是曼陀羅草。不過曼陀羅草的花並非白色，所以不太可能。

也有學者推測，可能是自古便用來作為護身符的「Allium moly」，日文名稱為黃花蒜。「Allium」是韭菜、洋蔥、大蒜、蔥等石蒜科蔥屬植物的總稱，幾乎全都帶有刺激性的氣味。從很久以前開始，大蒜就常被用作驅邪，而且開出來的花也是白色的。不過黃花蒜開出的花呈黃色，根部是白色而非黑色，所以也不太符合前述條件。

根據德弗拉斯特記載，有種藥草根呈圓形，像洋蔥，很類似荷馬所描述的特徵。然而這種藥草相當容易挖掘，所以應該不是奧德賽中提到的「Moly」。

目前最有力的說法是聖誕薔薇。它的確有黑色的根及美麗的乳色花。並且，在一世紀末葉，羅馬的植物學家狄歐斯科里德④亦曾提及，在挖掘聖誕薔薇的根時，「恐怖的鷲鳥會馬上出現襲擊著手挖掘的人。為了不被牠發現而遭殺害，必須用很快的速度挖出來。事前吃大蒜並喝葡萄酒可以避免受到危害。」聖誕薔薇無論是植物的外觀或難以挖掘的特徵，都和「Moly」相當吻合。不過以上幾種說法都還未有定論，很可能這種草根本就是憑空想像出來的。

奧德修斯到女巫的家裡後，吃了他的部下吃過的飲食，也被瑟西拿手杖敲打，不僅沒有變成豬，反而拔劍相向。於是瑟西只有投降，讓奧德修斯的部下恢復人形。

奧德修斯確實是因為「Moly」的功效，才沒有被變成豬。不過，看來這種植物的效果仍然有限。因為之後奧德修斯愛上了瑟西，喝了她端出的飲料，完全忘了故鄉，在島上滯留了一年。他喝下的飲料當中，想必也摻了春藥。

【魔杖】

女巫的法力再怎麼強大，也無法僅僅依靠藥草的效力施法。一般人想像中施法的人可以靠一根魔杖實現任何願望，解決所有煩惱。人類的願望果真無窮，所以，憧憬魔法杖的人真的很多。

近幾年全世界風行的暢銷書《哈利波特》（J.K.羅琳著），不只是小孩，連大人都很熱中。書中每一頁都充滿著對魔法的描述，因此有許多人對魔法懷抱著憧憬，對進入霍格華茲學校所必須準備的一長串用品感興趣的人也很多。主角哈利的魔杖，則是在斜角巷的「奧利凡德商店」購買。

哈利可以在這裡買他最想要的魔杖。這間店裡所賣的魔杖每一枝都是獨一無二的，用具有強大魔力的材質如柳木、桃心木、杉樹、櫸樹等為材料。店主說：「魔杖是會選擇主人的。」也就是說，就算再怎麼想要一枝法力強大的魔杖，也還是得先看看自己合不合用，如果只能發揮微弱的魔力的話，也是很淒慘的。

於是哈利得到了一枝長二十八公分，用冬青木和鳳凰尾羽製作的魔杖。店主對他說：「我想你未來必然會有一番很了不起的成就。」就這樣，哈利被魔杖選上了。

距哈利誕生三千多年以前，也有一位被強力魔杖所選上的人。他就是古代以色列民族的指導者摩西的哥哥亞倫。根據舊約聖經〈出埃及記〉，以色列人即將離開埃及，然而法老並不允許。因此耶和華透過摩西將法杖交給亞倫，讓他挑戰法老，法老也請了咒術師來與亞倫對抗。

於是激烈的鬥法就此展開。亞倫手中所持的法杖，展現了強大的法力。例如法杖從手中擲出就變成蛇，或拍打尼羅河水，河中的魚會死亡，河水也變成帶有惡臭的血，無法飲用。

亞倫的法杖還招來了大群青蛙、蚊蚋、虻蟲、蝗蟲，以及疫病、流膿的腫瘡、冰雹，還讓埃及三天不見天日，然而法老仍然不認輸。這段經過在〈出埃及記〉當中有著相當精采的描述。

魔力這麼強大的法杖，到底是用什麼做成的呢？根據〈出埃及記〉的記載，這把亞倫之杖是用薔薇科的扁桃木製成，就算已經製成了法杖，仍然持續開花。不過把扁桃樹枝插在水中，放置在溫暖的場所，時候到了也會開花，所以這或許不能視為法杖本身的魔力。

雖然亞倫的法杖展現了許多驚人的法力，最後還是無法使法老屈服。最後的關鍵在耶和華本身。祂親自「擊殺」（〈出埃及記〉十二章）了埃及的人民，由此可見法杖的法力，應該也是由神所賦予。用

亞倫之杖。「亞倫把杖丟在法老和臣僕面前，杖就變作蛇。」（出埃及記7：10）

哈利波特書中的說法，便是「魔力附在這把杖上」。

在德文當中有種叫做「Aaronstab」的植物，屬天南星科。由於球根以及葉片中含有草酸鈣的針狀結晶，因此入口會造成強烈的疼痛。

「Aaronstab」也就是亞倫之杖，在英文當中稱為「Jack in the pulpit」（講道台上的傑克）。從正面來看背後有像佛像的光圈一樣的東西。至於像手杖的部份，則是花苞中的肉穗花序，形狀有如棒狀的突起物，周圍則環繞著辣椒般的紅色小果實。

這帶有紅色小果實的肉穗花架，看來就像是魔法師的魔杖，所以才有人想像只要把它拿在手上揮舞就能施展魔法。

亞倫之杖

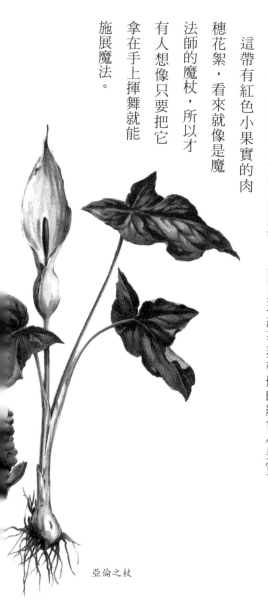

2 春藥

無論什麼時代，都有人為了戀愛而煩惱。有些人只要遠遠看著心上人，用花瓣占卜來猜測對方的心意便已滿足。也有人一旦喜歡上對方，便想佔為己有，或者希望對方也能愛上自己。於是為愛瘋狂，產生嫉妒的情感，甚至想要情敵的命。這些都是戀愛中的人之悲劇。

如果在這時，有人表示「這是春藥，只要用了它，任誰都會變成你的俘虜」，那麼想必誰都會心動。

製作春藥可說是女巫的專長，然而卻沒有實際的配方流傳下來，也許都是不外傳的祕密。傳說中可以用來當作春藥的藥草，幾乎都具有強烈的香氣，讓人聞了暈頭轉向的甘甜香味，或許就是春藥迷惑人的主要武器。

玫瑰帶有強烈的香氣，可說是春藥中的女王。古希臘人在婚禮的時候，會在家中撒滿玫瑰和紫花地丁（Viola mandshurica）。埃及豔后克利奧佩脫拉也十分喜歡玫瑰，據說她的床上就鋪滿這種花。她是世界三大美人之一，其美豔自然不在話下，不過照這樣看來，她之所以能迷惑羅馬兩位偉大的將軍凱撒及安東尼，也許跟她身上沾染的玫瑰香氣也有關係。

目前的科學尚無法證明已有的藥草是否具有春藥的功效。關於香氣的研究，雖然已在進行當中，然而具體來說有何種效果，仍不明確。

自古以來，作為春藥的藥草也許各自有其根據，然而同一種藥草的香氣，不一定對每個人都有效。每個人的嗅覺都不相同，其中包含了許多主觀要素。

雖然至今為止，春藥的實際效果尚不明確，甚至有些藥草連確切名稱都無法確認，春藥及返老還童之藥在文學作品中還是不斷地被提及。

【兩情相悅之藥・崔斯坦和伊索德的故事】

關於春藥，有許多相關的傳說，崔斯坦和伊索德便是其一。康禾地方的騎士崔斯坦和愛爾蘭王妃伊索德之間的悲劇戀情，由於華格納的歌劇（一八六五年首演）以及中古德國詩人哥特弗利⑤所寫的《崔斯坦和伊索德》（一二〇五年）都是以此兩人為題材，因此廣為人知。其中春藥是整個故事的關鍵。

在哥特弗利所寫的故事中，崔斯坦為了迎接叔父馬克國王的未婚妻伊索德，由海路前往愛爾蘭。伊索德深恨殺了自己叔父的崔斯坦，因此在船上，她連看也不看崔斯坦一眼，甚至不跟他講話。

伊索德的母親為了使女兒心甘情願嫁給年老的馬克國王，私下將一杯飲料交付伊索德身邊的侍女布蘭妮。只要男女一起喝下這種飲料，就片刻也離不開彼此，可說是春藥中的春藥。

陰錯陽差，最後喝下飲料的卻是崔斯坦和伊索德，並且馬上見效，兩個人墜入了愛河。為了延續這份感情，從此崔斯坦只有瞞著自己的叔父，伊索德只有瞞著自己的丈夫，也就是馬克國王。

伊索德的母親，據說是一位熟悉各種藥草知識，並且長於醫術的女性。遺憾的是，她所製作的春藥到底含有那些成分不得而知。不過當兩人在喝下時，以為是葡萄酒，想必應該是以這種酒來做底。

喝下命運之藥的伊索德。比亞茲萊繪，〈studio〉雜誌1895年10月號附錄〈伊索德〉。

兩人之間的愛情，就如他們所說：「我們是同一個個體，同一個生命，我是你的，你也是我的。我們既是崔斯坦，也是伊索德。」兩人的愛如此熾烈，想必伊索德的母親所製作的春藥一定是最高級品。然而，這個愛的春藥效果卻有其期限。

崔斯坦和伊索德的故事原本是凱爾特人流傳下來的。哥特弗利所寫的故事以法國作家托馬⑥寫的《崔斯坦羅曼史》為藍本。同為法國人的作家貝盧⑦也寫了一個名叫《崔斯坦和伊斯》的故事。在這個故事之中，侍女告訴兩人，春藥的藥效在三年過後便會消失無蹤。然而到了第三年，兩人的熱情還沒有消失的跡象，於是悲劇乃無可避免。終究，真愛是沒有有效期限的。

董尼才弟⑧的喜歌劇《愛情靈藥》（一八三二年）當中也有提到春藥。故事始於一個為愛所苦的年輕人詢問賣假藥的郎中有沒有「崔斯坦和伊索德喝的那種藥」。他問的是個郎中，所以當然有這種東西可以賣給他。

人們篤信崔斯坦和伊索德所喝的春藥效果超群，商人利用這種心理的故事，聽起來好像不論什麼時代都會發生。即使如此，還是有很多熱戀中的男女，想要可以綁住對方的心、並且沒有有效期限的愛情靈藥。

【為愛穿針引線之藥・德國傳說集】

沒有有效期限的春藥人人都想要，但如果會讓人捲入獵巫風暴，就令人望之卻步了。格林兄弟的《德國傳說集》（一八一六～一八一八年）中有著這樣的一個故事：一個在某個製旗師的家裡工作的女子，愛上了同一棟屋簷下的染工，然而這名染工不久便心生厭倦，找了份新工作離開那個城鎮。

女子想要挽回男友的心，於是當精靈降臨的節慶到來、大家都出門前往教會時，將幾種藥草放入鍋中熬煮。據說當鍋中的東西煮沸之後，心上人便會馬上現身。然而，有個不知情的僕人並沒有前往教會，當他來到廚房熬膠的時候，突然有個龐然大物掉到他背上，原來是那名染工——他失去知覺，身上只有一件內衣。

染工醒來之後說出了遭遇，表示自己在睡覺時，有隻像大山羊一樣的動物跑來，用牠的角把染工勾起拉出窗外，等他恢復意識以後，就發現自己在這裡。他還表示，會做出這種事的，只有那個女子。

於是所有人一起去找這位女子，要以女巫的名義將她逮捕。女子表示是從一位老婆婆那裡聽來這個挽回心上人的方法，鍋子和藥草也都是老婆婆給的。故事到此嘎然而止，沒有人知道這個女性及給她藥草的老婆婆，最後到底怎麼了。

十六到十七世紀間的德國是獵巫最風行的時代。

據說由於女巫將靈魂出賣給惡魔，體重會變得很輕，因此在審判時會用磅秤量體重。據說確實曾經秤出只有2.5公斤的女巫，只是這樣的事情真的令人難以置信。照片中是在荷蘭的女巫審判當中實際使用過的磅秤。由查理五世設立的這個審判所，除了會依良心進行測量之外，還會發行證明當事人不是女巫的證明書，因此有許多人特地前來此地。攝於荷蘭奧德瓦特（Oudewater）女巫審判博物館。

各種恐怖的拷問手段。山繆・克拉克著《殉教者列傳》，1651年。

異端審問原本只是基督教用來排除異己的手段，後來反而變成世俗權力鬥爭的工具，連一般平民也被牽扯進來，犧牲者遍布各個階層。

講到女巫審判，就讓人想起各種恐怖的拷問手法。故事中這位住在艾福特（Erfurt）的女性被帶到女巫法庭之後立刻招認了一切，由此可見她很清楚拷問到底有多恐怖。

然而更恐怖的是密告。在拷問過程中招認自己是女巫的人，必須進一步說出是誰將自己變成女巫的。如果不好好回答，則拷問立刻再度展開。於是熟人、朋友、甚至家人，許多人就這樣受到連累。

到底是否真有一位老婆婆教導這位女性關於藥草的一切，或者只是這位女性逃避責任的藉口，就不得而知了。

因為所有人都疑神疑鬼生怕某一天自己也成了密告的對象，於是乾脆先下手為強，先密告別人，這樣只求保全己身的利己主義，讓女巫的數目在連坐之下飛快增加，光在德國就有至少三萬人受害。

【墜入愛河之藥・仲夏夜之夢】

上一個故事，是關於為了挽留愛人的心，反被指為女巫的悲劇故事。接下來是莎士比亞（一五六四～一六一六年）的《仲夏夜之夢》中讓人墜入愛河的藥。

雅典之神、精靈王奧伯隆（Oberon）為了教訓不聽話的妻子緹坦妮雅（Titania），找來了愛惡作劇的妖精帕克，將花露灑在沈睡於森林中的緹坦妮雅臉上。據說被這種花露塗在眼皮上的人，會愛上醒來時所見到的第一個人。於是緹坦妮雅愛上了擁有一顆驢頭的波頓。

這是《仲夏夜之夢》當中有名的場面。妖精帕克摘來的花，據說原本開在地面上，後來偶然被愛神邱比特的箭矢所觸及，花的顏色乃從白色變成濃濃的紅色，汁液則是紫色的。這種植物的名稱是「Love in idoless」，亦即不斷變心的戀愛。

因此，莎士比亞的日文譯者福田恆存將其譯為「變心草」，其實就是三色堇的別名。

三色堇的學名為Viola tricolor。堇類植物種類繁多，而Viola tricolor系統的植物是園藝中使用的品種，在英文中叫做「Pansy」。相對園藝品種而言，野生品種叫做「Heart's ease」，也就是帕克摘來的變心草。

根據修女馮．賓根的記載，菫類植物對於眼翳病相當有效。只要將品質優良的油煮沸，丟入菫類植物熬成軟膏狀塗在眼皮及眼睛週邊即可。這類植物能夠促進血液循環，提高免疫系統的功能，而煎煮花所得的液體也能當作眼藥水。

但是如果在睡覺時被人塗了一些奇怪的藥，導致人生產生一百八十度的大轉

三色菫

變那就糟了。甚至，如果塗的藥是春藥那也就算了，如果塗上的是毒藥，豈不連命都要賠上？因此，人類發明了解毒劑。

九世紀阿拉伯人發明的解毒劑效果奇佳。其材料及製作方式都記載在《毒物的歷史》（尚瑪雷〔Jean Tardieu de Maleissye〕著）一書當中。首先，材料是某種松葉牡丹、仙客來（Cyclamen）、九層塔、菊苣、澤漆科的蓖麻、菟絲子、檸檬、莨菪、蕁麻、包心菜、鴉片、相思樹、菊科的婆羅門參、紅玫瑰、肉桂、薑，以及外觀像苔癬的地衣。將上述材料磨碎，拌入牛奶中發酵，並加上打至發泡的蜂蜜，用文火熬煮六小時，最後加上葡萄酒，再煮一段時間，等到葡萄酒都蒸發就完成了。放涼之後裝入黏土做的甕中保存。

花了這麼多時間做出來的解毒劑，要等到實際具有療效，還須等上六個月。這麼費時的藥劑，不知道是否真的有人願意試著做出來？

【返老還童之藥．浮士德的故事】

如果能弄到春藥及解藥，那還得有青春年華才能充分享受。不需要長生不老，只要能夠暫時恢復年輕活力，對某些人來說也就夠了。這個故事當中，就提到浮士德尋找「女巫廚房」拜託女巫為他製藥的故事。

歌德的畢生傑作《浮士德》（完成於一八三一年）的主角浮士德博士，使用了上述的手段得以重獲青春，然而，要找到女巫廚房，還得靠惡魔梅菲斯特帶路才行。

浮士德博士是流傳於中古時代歐洲傳說中的主角。他是一位剛進入老年，對知識感到絕望的博士，於是將靈魂賣給惡魔以追求現世享樂，結果卻在契約時間到了之後，在後悔中墮入地獄。歌德以此傳說為藍本，將近代人的苦惱寫成了《浮士德》這部作品。

故事中，浮士德問惡魔，如果喝下女巫所做的返老還童飲料，會變成怎樣？於是惡魔梅菲斯特這樣回答：「你很快就會感到體內彷彿有一位愛神邱比特，讓你打從心底小鹿亂撞。」

於是重獲青春的浮士德，馬上開始對年輕女孩展開攻勢。這返老還童之藥說來好聽，其實應該只是讓人精力充沛，提高費洛蒙效果的飲料而已。

製作這種飲料的女巫曾說：「我偶爾也會自己嚐嚐，所以已經不覺得臭了。」看來剛開始她曾經覺得這種飲料很臭。雖然不知道用了哪些材料，不過恐怕是包括像纈草之類帶有惡臭的藥草。

在德國常常可以看到以「hexen Kuche」（女巫廚房）為名的餐廳，

在女巫廚房拜託對方幫忙製作飲料的浮士德。圖為在《浮士德》當中出現過的酒吧「奧巴酒館」（Auerbachs keller）的壁畫。（位於萊比錫）

大概都是取材於《浮士德》的故事。甚至菜單中還有「女巫特餐」，大多是德國常見的菜餚，例如馬鈴薯、德式香腸、火腿等。

在《浮士德》故事發生的地點萊比錫，有家餐廳的菜單上甚至還有「女巫的飲料」（Hexentrunk）。我自己也曾點來喝過，嚐起來像是普通的葡萄酒。

女巫的飲料。攝於奧巴酒館。

能夠使情緒高亢，彷彿回到年輕時代的藥，也許的確存在。然而，到底有沒有能讓人真正返老還童的藥，則就有待商榷了。

讀罷《浮士德》的這段情節之後，讓我想起了小時候看過的一本日本繪本。大意是說有一位老爺爺去山裡砍柴，就此一去不回。老奶奶覺得很奇怪，去山裡尋找他的下落，結果發現一位躺在瀑布旁邊哭鬧的小嬰兒。原來這瀑布的水有讓人返老還童的功效，老爺爺喝了太多遂變成了小嬰兒。

我本來以為這是養老瀑布傳說的變形，後來才知道原來鷺流狂言⑨中有個名為「藥水」的段子，跟這個故事完全相同，想必是從這裡將它改編成繪本的。當年這個故事對我幼小的心靈產生了很大的衝擊，我一直想著老爺爺實在太貪心了，不應該喝那麼多。不過話說回來，要是真有返老還童之藥，各位會想要回到幾歲的時候呢？

【愛情魔法】

不管在何種時代和社會背景之下，人為了使戀情能夠順利發展，總是希望能夠有春藥幫忙。春藥和長生不老之藥一樣，都是人類共同的憧憬，即使至今亦然。戀愛中的男女，總想盡辦法把對方的心綁住，因此，還有一些不成熟的、類似魔法的儀式。

首先是流傳於德國北部彭美恩地方（Pommern）的愛情魔法。首先取得三片鼠尾草的葉片，並且在第一枚葉片上寫上「Adam&Eve」（亞當與夏娃），接下來在第二與第三枚葉片上，分別寫上自己與對方的姓名，再將這些葉片燒成灰，摻入心上人的飲食。

鼠尾草（Salvia officinalis）帶有點奇怪的香氣，不過是很多人喜歡的香料，它的葉片在一般的超市便有銷售。由於能夠改善生理期不順及更年期症狀，對女性來說是很有用

鼠尾草

的藥草。這種方法，使用少許鼠尾草便能輕易達成。

另外再介紹一種「愛的飲料」。出自一位自稱女巫的現代德國女性為年輕女性所寫的《女巫配方》。

方法是這樣的：準備七個芫荽（即俗稱香菜）的果實，用乳缽搗碎。在過程當中，要複頌三次「溫暖的果實，溫暖的心，兩人感情甜蜜蜜」的咒語，之後加入一

芫荽

公升的白葡萄酒攪拌。十分鐘之後再讓心上人喝下。

芫荽（Coriandrum sativum）是繖形科植物，日文語源來自葡萄牙語「coendro」，在泰國菜中使用的香料，其實就是芫荽的葉子。由於它的香氣十分強烈而獨特，因此也有人無法接受。

芫荽具有輕微的麻醉作用，據說古埃及人拿來作為催情劑使用，因此可能的確有這方面的效果，而且需要的材料也只有芫荽而已，可說相當方便。

註釋：

＊註①——此處所謂曼陀羅草（Mandoragora）與第一章提到的曼陀羅類植物並不相同。

＊註②——愛華斯（Hanns Heinz Ewers，一八七一～一九四三），德國作家，寫作主題廣泛，不過最為人所知的是驚悚小說。他把對黑暗的幻想疊加在對心理學的豐富知識之上。像長篇小說 *The Sorcerer's Apprentice, Alrune* 和短篇小說 *The Spider* 都包含出眾的特質，因此達到經典的層次。

＊註③——阿布流士（Apuleius，西元一二三／五～一八〇），柏拉圖派哲學家、修辭學家及作家。所著《金驢記》又稱《變形記》（*Metamorphosis*）。

＊註④——狄歐斯科里德（Pedanius Dioscorides，西元四〇～九〇），希臘人，曾為羅馬皇帝尼祿御用醫生。所著《藥物論》（*De materia medica*）影響後世甚鉅，可說是西方的本草綱目。

＊註⑤——哥特弗利（Gottfried von Strassburg，？～一二一〇），中古時期德國宮廷詩人。

＊註⑥——托馬（Thomas d'Angleterre，約一一五〇～一二〇〇），為盎格魯—諾曼地（anglo-normand）的作家，行走於英格蘭國王亨利二世（Henri II d'Angleterre）與阿基丹的愛蕾諾（Alie'nor d'Aquitaine）的宮廷裡。推斷為一文人教士，約莫於西元一一七〇年間完成《崔斯坦與伊索德》（*Tristan et Iseult*），為中世紀騎士文學之代表作。

＊註⑦——貝盧（Béroul），十二世紀諾曼詩人。所寫的《崔斯坦》（*Tristan*）是諾曼語版的崔斯坦與伊索德故事。

＊註⑧——董尼才弟（G. Donizetti，一七九七～一八四八），義大利歌劇作曲家。文中提到的作品《愛情靈藥》可說是他成功發揮義大利喜歌劇要素的傑作。

＊註⑨——鷺流狂言為一種日本古典戲劇流派。

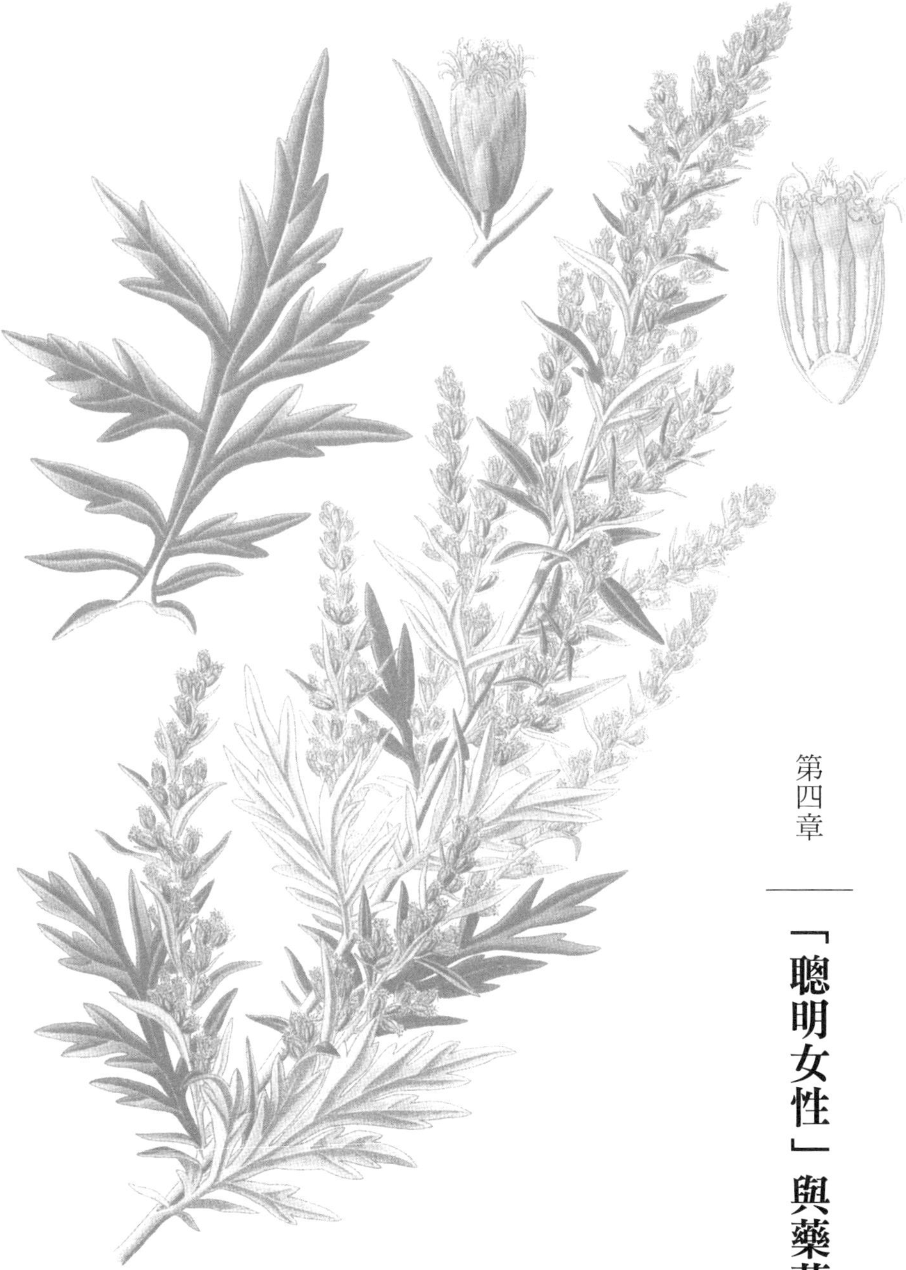

第四章

「聰明女性」與藥草

1 「聰明女性」與女巫

在化學藥品尚未問世時，一般人若有病痛，或是感染疫病及受傷時，所倚賴的都是藥草。從前的人相當了解什麼樣的草對身體有益或是有害。

人類藉由觀察生活在大自然中的野生動物的行徑，學習如何分辨藥草及其效果。例如動物受傷時，會食用哪種植物？或是用身體與其磨蹭？又或者是吃了哪種植物後會痛苦而死？甚至有時候人類也會用自己的身體來嘗試，因此得知就算是有毒的藥草，只要適量使用也會有超群的效果。透過這樣的方式，關於草藥的知識不斷累積流傳到後世。

日本自神話時代就已有用藥草進行治療的紀錄。大國主命與因幡白兔的故事就改編為兒歌，在日本小學的唱遊課上是必教的曲目：大國主命遇見了一隻受了傷正在哭泣的小白兔，於是教導牠，只要「在身上裹上一圈蒲穗綿草就能治好」，白兔照辦之後果然痊癒。這個故事是出雲地方的神話，據說實際上使用的草並非蒲穗綿，而是一種叫做蒲黃的香蒲科植物的花粉，是從前的人用來治療各種傷口的藥材。而大國主命因此也被尊為日本醫生的開山祖師。

在歐洲，早在西元前四世紀由德弗拉斯特所寫的《植物誌》，以及西元一世紀老蒲林尼所寫的《博物誌》當中，就已經實地考察過許多藥草的特性。古希臘的「西方醫學之父」希波克拉底（Hippocrates），以及曾擔任羅馬暴君尼祿軍醫的植物學家狄歐斯科里德，也曾紀錄了許多種藥草。

到了中古時代，出現了許多懂得運用關於藥草知識及經驗治療疾病或者接生的「聰明女性」。藥草各個部位的功效都不相同，只要稍有不慎就有可能造成致命的後果，因此在從前，這些富有智慧的女性對民眾來說扮演著藥劑師般的角色，備受敬重。

當然，身懷藥草知識的並非僅限於「聰明女性」而已。中古時代的修道院大多附設規模或大或小的草藥園。當時身為知識分子的修道士，會研究古希臘與羅馬時代的植物學，製造出許多藥品。在遙遠的異國傳教時，若發現珍貴的藥草也會順道將它帶回。

於是修道院附設的藥草園當中，往往種了許多有用的藥草。然而即使如此，修道院的條件畢竟不適合大量生產藥草，所以我們無從得知到底修道院草藥園確切的產量是多少，以及究竟造福了多少群眾。況且，許多人之所以需要藥物不見得是因為生病，往往是希望能幫助受孕、安胎、避孕、墮胎，甚至增強

修道院附設的草藥園。攝於米夏約史坦（Michaelstein）修道院（位於德國哈茨地區）。

精力等目的。這些藥，修道院自然絕不可能提供。

於是，民間的「聰明女性」的責任便是滿足這些人的需求。瑞士的帕拉塞爾蘇斯（Paracelsus）行徑顛覆傳統醫學，在處方中使用了各種金屬化合物。他曾經提到，醫藥學得以發展至此，全都是「年長女性」的功勞。所謂年長女性，就是前面所提到的「聰明女性」。

不過，在某些時代，這些身懷知識的女性卻被指為女巫。從基督教的角度來看，依靠傳統經驗的民間藥方不僅相當危險，在過程中使用的一些類似祈禱的儀式更是異教的咒術。為了使藥草能夠發揮最大的功效，特地挑選日期時間出門，採摘時並口唸咒語的行徑，都是基督教所急欲禁止的異教行徑。

在中德的哈茨地區流傳著下面這個與採藥草有關的故事：有位女孩前往森林裡採藥，就在隨身攜帶的籃子差不多裝滿時，發現天上恰好高掛著滿月，於是她連忙往森林的深處走去。

女孩之所以這麼做，是因為她記得母親跟她說過，滿月時採摘的藥草效用最強。她的母親最近才剛改信了基督教，許多異教的舊習慣還改不過來。

小女孩一進入森林，事實上就等於已經踏入女巫的地盤，女巫馬上出現在她眼前，追趕著她。就在千鈞一髮之際，女孩想起最近才改信的神祇，於是大聲呼喚神的名號，雙

女巫踩著十字架，與基督教對立。從這張圖也可得知，巫師並非只限女性。古雅索（Francesco Maria Guazzo）著《妖術概論》，1626年。

女巫效忠的對象不是十字架，她們透過親吻來禮讚與效忠惡魔。《妖術概論》。

手畫著十字，接著大風突然颳起，將女巫吹落山崖，當場摔死。

從教會的立場看來，對於「聰明女性」一邊口唸咒文一邊採藥草的作法，一概認為是異端的行徑。也許正因如此，才創造出了女巫的形象。用這樣的標準來看，故事中的小女孩也算是女巫。女巫能夠運用各種恐怖的魔法，製作對人或家畜有害的毒藥，或者散

巫師呼風喚雨，引起洪水、害死家畜，並讓農作物枯萎。在此提到的巫師亦有男有女。克勞斯（Kraus Magnus）著《北方民族文化史》，1555年。

假扮為接生婆的女巫，將新生嬰兒煮熟，並獻給惡魔。《妖術概論》。

圖為惡魔的情婦。男人的腳像鳥爪一樣，甚至垂著一條尾巴，可見他其實是惡魔。莫利特（Ulrich Molitor）著《拉米亞》，1489年。

就算在獵巫最激烈的時代，仍然有人相信女巫當中也有擅長治療法術的人。這樣的人，會尋訪住在森林洞窟中的「善良女巫」，也就是所謂「聰明女性」，向她們尋求協助。

播傳染病、詛咒農作物和家畜，甚至讓男性不舉、女性不孕、害死分娩過程中的新生兒，或者在身上塗抹「飛行軟膏」飛去參加邪惡的黑彌撒。這些惡行惡狀都出於惡魔的指使，因為，女巫是惡魔的情婦。

如此，「聰明女性」因為反社會的行為被汙名化成為邪惡的女巫，大約在十六到十七世紀歐洲社會整體開始獵巫的時候，「聰明女性」自然成為主要目標。

德國的醫藥分業制度建立於西元一二四〇年。當時神聖羅馬帝國皇帝腓特烈二世（Friedrich II）有鑑於許多不具備專門醫藥知識的人擅自製藥販賣，因此下令只有醫師能開立處方，而且只有藥劑師開設的藥局才能賣藥，於是能夠確保藥品品質的藥局就此誕生。

這是正確的政策，然而也正因如此，那些賣藥草的女性，由於沒有藥劑師資格，就只能在檯面下進行買賣。另外，隨著醫學的進展，婦產科醫師大都由男性擔任，「聰明女性」所扮演的接生婆及藥劑師的角色漸漸遭到

開業於1598年的藥局，至今仍在營業。位於北德的呂內堡（Luneburg）。

取代。最後接生婆終於在法律規定或是一般習俗中都被排除在外了。

「聰明女性」繼承了自古以來的傳統、知識及生活智慧，但是正因為如此，反而被視為褻瀆神明的邪惡女巫。但只要了解藥草與女巫的關係，便會了解其實女巫與「聰明女性」是一體兩面，某種令人害怕的女巫常用藥草，往往也具有驅魔的功效。

2 聖母馬利亞與藥草

即使基督教會一直譴責與咒術有關的行為，但這樣的民間習俗及儀式並未銷聲匿跡。這是因為祖先流傳下來的傳統習俗必定有其理由，不能簡簡單單地予以捨棄。在基督教傳入以前，這些習俗便已經和民眾的生活密切結合了。

民眾使用藥草的方式往往不侷限於治病。例如為了保護自己與親人及家畜不受恐怖的傳染病或惡魔侵害，將藥草製成護身符隨身佩帶，或者懸掛在門前及家畜小屋門口；或者就像我們常看到的，使用植物來占卜心上人的心意。

特別是一些跟農耕有關的民間儀式，就算教會再三強迫，民眾也不願意廢止。於是教會只有選擇妥協，將這些儀式納入教會行事曆，並改編加入基督教儀式。

從前，要採集藥草必須先登山，用嚴肅的態度進行禮拜儀式，這一天被稱為淨化藥草的日子，是前人相當重視的節日。這種異教的習俗，即使在基督教社會當中仍然存在，並且還與聖母馬利亞產生關聯。

聖經當中幾乎沒有記載馬利亞的生平。不過聖經外典中的《雅各福音》（完成於十二～十三世紀），以及聖徒傳說集《黃金傳說》（The golden legend，成書於十三世紀）當中，對於馬利亞從誕生到去世的經過有著詳細的記載。其中提到，馬利亞的生日是九月十八日，而蒙召升天的日子則是八月十五日。

馬利亞是在去世後才受到神的召喚而升

繪於聖米歇爾教會天花板上的藥草。位於德國班堡。

上天堂，這點和自己升天的耶穌基督並不相同。而從馬利亞升天之日開始算起，到她的生日之間的約一個月期間之內，稱為「聖母馬利亞的三十天」，在這段期間，人們會將成捆的藥草供奉於馬利亞的祭壇上。

在馬利亞禮拜堂前等待禮拜的眾人。慕尼黑郊外的普蘭尼（Planneg）。

這一捆捆的藥草束有用九種、十五種、七十七種，甚至九十九種藥草所捆紮的。直到現在，在這段期間內造訪馬利亞的祭壇仍然可以看到信徒供奉的藥草束。班堡（Bamburg，位於南德）的聖米歇爾教會的天花板上，總共描繪了五百七十八種花卉與藥草，有「天堂的庭園」之稱，由此可見，教會其實也相當重視藥草。

部份篤信聖母馬利亞的地區將八月十五日訂為節慶日，這些天主教地區對馬利亞信仰的瘋狂程度往

在玫瑰盛開的庭園中歇息的馬利亞。一位被稱為「上萊茵大師」的不知名畫家繪於1410年。收藏於施泰德藝術館中（Städel Museum，位於德國法蘭克福）。

往讓人難以想像，甚至有專門尋訪各大馬利亞禮拜堂的觀光手冊和旅行團等等。我曾經造訪其中幾個馬利亞禮拜堂，讓我十分驚訝的是，信徒當中有半數是男性。以為聖母馬利亞是女性，信徒大概也都是女性，這純粹只是我本身的無知。

看見許多男信徒熱切地頌唱著「Ave Maria, Ave Maria」，手中摩娑著唸珠的情景，對於不是教徒的我來說，是很大的衝擊。不過仔細想想，在日本，也有許多信仰觀音、並且熱衷參拜位於各地修行場所的男性，也就見怪不怪了。

我並不清楚觀音是否也跟多種植物有關，但馬利亞確實和許多植物脫不了關係。例如天使加百列前來告知聖母馬利亞受胎的消息時，在許多畫作中都手持百合花。不過有趣

圖為手拿百合，前來告知馬利亞受胎消息的加百列。還沒結婚的女性，突然被告知懷了神的孩子，想必一定感到很吃驚。根據聖經中的描述，當時馬利亞的反應極為鎮靜，表示「謹遵您的意旨」。也許正因如此，在所有類似主題的畫作當中，馬利亞的表情通常都是莊嚴且平靜的。而在這張洛托的畫作當中，馬利亞驚訝的表情，就像在說：「咦？為什麼？這太突然了！」感覺起來就像一般人。兩手的動作也表現出她的情緒反應，而且看見天使突然出現，準備逃跑的貓的表情也很有趣。〈天使告知受胎〉洛托（Lorenzo Lotto）繪於1527年左右。

馬利亞的斗篷之中，有著形形色色的人。張開的斗篷邊緣，看起來就像是斗篷草的葉片。本圖繪於1510年左右，現收藏於慕尼黑的聖母教會。

斗篷草

的是，最先畫出加百列手拿百合的，是文藝復興時期的義大利畫家，在此之前的畫作當中，通常手上拿著法杖，或者什麼也不拿。

另外，也有許多畫作以坐在玫瑰園中的

馬利亞為主題。只要前往歐洲的美術館或教會，一定可以看到許多以馬利亞、百合、玫瑰為主題的藝術作品。

不過，當時的玫瑰與百合花，似乎和現代人認知中的這兩種花有所不同。這一點只要比較過聖經的各種譯本，即一目了然。例如在舊約聖經的〈雅歌〉中有著「我是沙崙的玫瑰，幽谷間的百合」（rose of Sharon, a lily of the valleys）這樣的詩句。其中英譯本記為玫瑰的植物，在德文中則是「沙崙的水仙」，而日文版當中則是「沙崙的番

這張圖據說是北歐神話中的女神芙蕾雅。乘坐著尖端帶穗的法杖飛翔在空中。整幅圖畫繪於北德石勒蘇益格的大聖堂的天花板上。對基督教而言，屬於異教的女神圖得以保留至今，是相當有趣的現象。

紅花」或「沙崙的野花」。在近年來的聖經研究當中較為有力的說法認為，此處「沙崙的玫瑰」實際上應為風信子，而幽谷的百合則應為水仙花。

歷代畫家，用玫瑰與百合來譬喻純潔的聖母馬利亞，不過若從藥草學的觀點來看，這些譬喻其實不太精確。

例如屬於薔薇科的斗篷草（Alchemilla mollis），在日文漢字當中寫作「羽衣草」，而在德文（Frauenmantel）和英文（Lady's Mantle）當中的別名也都是「婦人的斗篷」之意，這名稱的由來，是因為其葉子的外型，像是斗篷一樣又大又寬。斗篷草邊緣呈現不規則起伏，朝露得以掛在葉緣而不致滴落地面，隨著時間經過而為葉片所吸收，這種植物給人相當清新潔淨的感覺。

斗篷草能夠促進產後母體恢復及分泌母乳，甚至能夠改善卵巢功能衰退及更年期的種種症狀，可說是對女性百利而無一害的藥草。不過英文名稱當中提到的「Lady」，並非指一般的女性，而是馬利亞的代稱。

據說聖母馬利亞會張開她的斗篷，庇佑在她之下信仰她的人群。關於天使告知受胎、受召升天、聖母子、聖家族等等與聖母馬利亞有關的畫像主題當中，其中有一種構圖方式便是馬利亞將斗篷張開，包裹住許多熱心地向她祈禱的人。

斗篷草在北歐神話當中是獻給女神芙蕾雅的藥草。隨著基督教傳入，聖母馬利亞的形象逐漸取代了異教的女神。

3 月神與艾草

蒿屬植物皆為菊科，是各地常見的植物。其學名「Artemisia」總讓人聯想到希臘羅馬神話當中的女神阿爾忒彌斯（Artemis，即羅馬神話中的黛安娜，英文記為 Diana），想必兩者之間有密切的關係。

阿爾忒彌斯是一位年輕貌美的女神，她的美貌從位於土耳其愛非索斯的阿爾忒彌斯神殿中的神像即可略窺一二。神像胸前裝飾有許多乳房（亦有說法指出應為牛睪丸），也許有些人會覺得造型有點古怪，不過容貌端正且凜然直立，看上去莊嚴而美麗。阿爾忒彌斯同時也是豐饒及多產的象徵，繼承了古代小亞細亞地區對大地母神的信仰，到了後代又成為月之女神，是保佑女性的神祇。

但是，希臘神話當中的阿爾忒彌斯形象又不太一樣。據說她習慣捲起衣襬，任頭髮

手拿弓箭的黛安娜。羅馬神話當中的黛安娜，與希臘神話的阿爾忒彌斯可視為同一位神祇。圖為楓丹白露畫派的〈獵人黛安娜〉，繪於1550-60年左右。

象徵豐饒與多產的大地母神阿爾忒彌斯。此神像位於阿爾忒彌斯神殿當中（在土耳其的愛非索斯）。

垂到肩後，並且喜愛狩獵，常常穿著無袖的薄衫，手拿弓箭追趕鹿隻。甚至有時候看到難產的女性，會主動用弓箭取走她的性命，以縮短她受苦的時間。

她是天神宙斯的女兒，並且拒絕結婚，是三位處女神之一。有很多故事都提到她與男性為敵，因為觸怒她而遭到殺害的男性不計其數，甚至有人只是剛好路過，撞見她正在水

艾草

邊洗澡，就被變成一頭公鹿，遭野狗咬斷脖子分食。

艾草的學名（Artemisia vulgaris）用這位帶點恐怖性格的女神來命名，讓人有點無法理解。不過關於此學名的由來，有另一種說法指出，西元前四世紀左右，有位頗通醫術的波斯王妃也叫做阿爾忒彌斯，據說這是較為有力的說法。不過無論是哪一種，蒿屬的植物自古以來便是與女性有密切關係的藥草。

艾草可以幫助分娩順利、使生理期順暢，不過，這種植物同時也具有催經作用，亦可作為墮胎藥，因此藥草學的書籍幾乎都建議懷孕中的女性最好別碰艾草。

據說艾草還可以減輕雙腳的疲勞，因此從前長途旅行的旅客會將艾草墊在鞋子裡，德文的名稱為「腳邊草」（Beifuss）。加入了艾草的藥草浴，可以消除腳部疲勞並且溫暖身體，近幾年來相當風行。

在蒿屬植物當中，最常用於製作護身符的是具有茴香般香氣的苦艾（Artemisia absinthium），甚至據說在咒術儀式當中，也使用這種植物來召喚靈魂。如同其名，這種植物帶有強烈的苦味，因此猶太人在過逾越節時食用這種植物來追思祖先的辛勞。

過去有人也會將苦艾加入酒中用來點綴，不過長期飲用摻入了苦艾的酒，會因為其中所含的一種側柏酮（Thujone）成分，引起神經麻痹，導致生命危險，目前已禁止使用。

在莎士比亞所寫的《仲夏夜之夢》當中，「迷魂藥」的成分是紫花地丁的汁液，而能夠解除其詛咒

苦艾草

的，則是「月之女神黛安娜之花」的汁液。對此研究莎士比亞的專家學者認為，這種花其實就是艾草或苦艾。

莎士比亞所生活的時期正是園藝的概念逐漸興起，取代傳統在庭園中僅種植藥用藥草的時代。莎士比亞的作品當中總共提及了超過六百種的花草，也許正反映了那樣的時代風氣。不過，關於他到底具有多少藥草知識，就不得而知了。艾草的成分經科學證實，對於治療婦女

西洋牡荊

疾病相當有效，不過能夠去除春藥效果的科學根據，則還沒有找到。

另有一種說法認為，「黛安娜之花」指的其實是唇形科的西洋牡荊（Vitex agnus-castus）。西洋牡荊的花呈紫丁香般的紫色，帶有宜人的香氣，果實經過乾燥處理後，能夠促進人體分泌一種叫做「progesterone」的黃體素。所謂黃體素，是穩定懷孕時母體平衡的荷爾蒙的總稱，對女性來說相當重要。由於這種荷爾蒙具有抑制性慾的作用，因此這種植物能夠破除奧伯隆妃子緹坦妮雅眼皮上的迷魂藥效果，也許並非空穴來風。

將話題拉回到艾草。在日本，艾草自古以來便和女性有很深的淵源，也常用來製作驅邪護符。摻了艾草的草餅，在女兒節當中是不可或缺的角色，在寺廟附近的商家也常販賣一些添加艾草的丸子串或草餅，是可以趨吉避凶的吉祥物。

艾草雖然看起來並不起眼，然而由於其功效，無論是在東方或西方，自古以來一般民眾都很愛用。

4 修女赫德嘉與藥草

許多藥草和艾草一樣，看來並不起眼，事實上，大部份的藥草也都不太需要照顧，在自然條件下生長便具有極佳的功效。

十二世紀時，德國萊茵河流域附近曾有一位修道院長赫德嘉·馮·賓根，在五十歲後花了七年寫成一本巨著，名為《自然史·自然的治癒力》。在書中她列舉了許多自然界中對人體有益的動植物及礦石，其中超過兩百種以上的植物都可以在路邊、林中小徑、荒野及田地中找到。

一一〇六年，赫德嘉八歲時進入萊茵河支流那厄河（Nahe River）附近的迪希邦登堡修道院修行，之後並成為該院的院長，甚至還在羅勃堡（位於今萊茵河左岸的賓根鎮附近）以及艾賓根（位於萊茵河右岸的露迪斯海姆附近）又另外設立了修道院。

迪希邦登堡的修道院中附設了規模龐大的草藥園，雖然現在已經成為廢墟，不過仍開放供一般人參觀。赫德嘉便是從這座草藥園開始認識植物的，當然日後她遊歷各地講道，也使她得以充實很多這方面的知識。

圖中描繪的是神的聲音直接進入腦中與赫德嘉交談。赫德嘉著《認識主道》，1141-1151年。

即使赫德嘉曾受羅馬教皇及德意志帝國的皇帝所表揚，不過隨著時間的流逝，仍然漸漸為眾人淡忘。到了一九六〇年代，美國女權運動浪潮興起，這股風潮傳入德國，於是德國人也回頭開始尋找歷史中了不起的女性，赫德嘉的著作及生命歷程才再度受到眾人注目。她以豐富的自然知識以及敏銳的觀察力，擄獲了現代人的心，特別是從事與藥草

九月十七日是赫德嘉的忌日。她所設立的教會所在的城鎮每到這天會將裝有她遺骸的聖柩公開展示，在祈禱後由信徒抬著繞行鎮內。照片攝於德國露迪斯海姆（Rudesheim）的艾賓根。

位於艾賓根的赫德嘉修道院庭園中的赫德嘉像。這一帶有許多她的立像，可見她相當受當地民眾愛戴。

相關業務的人士都紛紛尊她為開山祖師。

直到現代為止，科學主要的著眼點都是如何戰勝自然，然而不知不覺，這樣的研究方向已經走進了死胡同。從前被貼上女巫標籤的藥草學，以及「聰明女性」長期累積下來的經驗與智慧，重新獲得重視。「女巫」的所作所為反而被視為是與自然調和的象徵，因此赫德嘉對待自然的態度，也堪稱現代環保運動的原點。

5 藥草女巫

雖然我們不能全盤否定現代科學的成果，不過對科學抱持懷疑態度的人的確越來越多。有些人認為，應該重新對女巫作出評價，對自然界也應從另一種角度的思維出發。

在德國有一種「藥草女巫」。藥草女巫在獵巫的時代受到誣陷，遭指控使用有毒的「女巫藥草」造成種種危害，受到烙印的懲罰，排除在社會外。

這些使用藥草的女巫，在女權運動當中獲得翻身的機會，成為活用大自然恩惠的聰明女性的象徵，因此也出現許多自稱藥草女巫的女性。

住在德國西南部的比可兒（Gabriele Bickel）小姐，也是一位自稱為藥草女巫的人。她業已出版了多本與藥草有關的書籍，也在電視中露臉，甚至擁有數家藥草鋪，一年之中還會策畫幾次藥草旅行團，吸引許多人參加。

我曾經參加過這個旅行團，在約五十名的參加者當中，大多都是女性。經過詢問才知道，參加者大多接受過藥劑師利用藥草所進行的治療。參觀的路線主要是比可兒家的後山，她會一一介紹路邊的野草，解說其效用。

在參加這趟行程之後我才了解到，原來藥草並不是什麼特別的植物，只是恰巧對身體有益的野草罷了。從前被指為藥草女巫的那些「聰明女性」，也不過就是善加利用這些不起眼的植物而已。當然山中也會有像癲茄這類毒性極強的植物，畢竟效果優良的藥劑，原料中往往少不了含有劇毒的草藥。

在日本，也有許多野草同好會或者藥草園舉辦的講習，短至僅花個二小時把住家附近的山區或

藥草女巫比可兒的藥草旅行團。攝於德國毛爾布隆（Maulbronn）近郊的史坦費斯（Sternenfels）。

者原野繞過一圈，長至晚上入宿溫泉旅館的豪華藥草旅行都有。

比可兒小姐曾經指著路旁的一株植物給我們看，那是菊科的洋耆草，是常見於德國鄉間的藥草。

這種植物的葉片形狀相當特殊，一眼就可認出。日文稱為「鋸子草」，在法文中則叫做「工匠草」，葉片的週邊像是鋸子一般銳利，在德文當中稱為「Schafgarbe」（對羊群的健康有助益的植物）。又因為其美觀的流線形造型，它還有一個美麗的名字，叫做「維納斯之眉」。

在伊拉克山尼達（Shanidar）洞窟遺跡的古墓當中曾找到八種藥草，據說其中一種就是洋耆草。據估計，該遺跡的年代約為西元前六千年左右。

洋耆草學名（Achillea millefolium）則來自古希臘英雄阿基里斯。據說他在特洛伊戰爭時，曾經用此草治癒了部下的傷勢。由於整株草都含有具消炎效果的成分，有極強的止血與消炎功用。這種草在德文當中有許多稱呼，大多是像止血草、士兵草、創傷草等等，在英文中則稱為「yarrow」。

我幼時曾在前往山中遠足時受過傷，當時的領隊就近摘了一把草，揉碎葉片，塗抹在我的傷口上。我雖然不知道那把草的確切名稱，不過像這樣的緊急處理，從前相當常見。如像起疹子時將蕺菜的葉片揉碎塗在上面，以及感冒喉嚨痛時將蔥段用布包裹圍在

洋耆草

脖子上等等，許多活用藥草的生活小智慧，至今依然存在。

藥草在德國人的日常生活中也扮演相當重要的角色。我的德國友人當中，不乏為失眠所苦的人，然而他們絕不服用安眠藥，只在睡前喝杯加了纈草萃取液的熱茶。還有人對我說，他孫子感冒時，只要給他來杯洋甘菊茶，很快便能康復。許多當地人都前往兼營藥草販賣的藥局，徵詢藥劑師的意見並請他們幫忙開藥。

6 具有性治癒力的藥草

有次我應邀到德國人家中作客，主人問我：「要不要喝點什麼？」我因為當天已經喝了太多咖啡了，於是請他給我來杯茶。沒想到他馬上接著問我：「您想要喝什麼茶呢？」讓我不知道該怎麼回答。

其實這位朋友是在問我想要喝紅茶或藥草茶。由於當時對藥草茶（Kraütertee）完全沒有概念，因此半出於好奇心，就請主人幫我泡杯藥草茶。結果主人又問：「要哪一種藥草呢？」這讓我越發困窘了。原來光是他們家的廚房，就有茴香茶、銀杏茶、槲寄生茶、車前草茶、洋甘菊茶、玫瑰果茶等等，除此之外，依功能分類，還有整腸、預防感冒、寧神、安眠、降血壓等各種藥草茶。這些藥草分裝在盒中，幾乎堆滿整個廚房。

當時的我，只知道紅茶和日本茶兩種茶而已，現在的人可能也很難想像，從前藥草茶還沒引進時，許多人根本連聽都沒聽過這種東西。

現在的藥草茶也已經推出茶袋包裝的產品，飲用起來相當方便，據說這種自動包裝藥草茶的機械，便是德國廠商於一九二九年發明的，但這種機械卻過了四十年，也就是到一九六九年才傳入日本。而且一開始幾乎毫無知名度，負責進口的代理商花了很多心血在宣傳上。

一九六〇年代正是全世界各個角落紛紛展開反體制運動的年代，美

在德國到處買得到的茶袋包裝藥草茶。右方為菩提樹的花，主要用來治療感冒；中間的則能幫助入睡，主要原料為纈草；左邊的則為減肥用，添加了馬黛（yerba mate）及榛樹的葉片、蒴藋的果實等等，喝起來相當順口。

國的嬉皮以「回歸自然」為口號，呼籲大眾多多關心自然環境。在這樣的風氣當中，日本人也開始飲用藥草茶，所以藥草茶傳入日本尚未經過太長的歲月。

飲用藥草茶有助於放鬆心情，因此在日本大受歡迎。事實上，喝藥草茶之所以能夠放鬆心情，是藉由生理影響心理，而既然藥草茶對生理會造成影響，其中也必然包括了性功能方面的效用。

曾有位從事藥草相關工作的友人向我透露，他在演講時曾提到藥草對性功能方面的效用，台下的反應卻相當冷淡。據說是因為對聽眾而言，飲用藥草茶比較像是一種精神上的療癒，突然牽扯到性方面的功效很多人無法接受。

不過既然要談藥草，與性功能有關的部份就不能略過不提，畢竟性方面的煩惱也是人的諸多煩惱之一。而在赫德嘉·馮·賓根的《自然史·自然的治癒力》一書中，也記載了許多這樣的煩惱及各種解決範例。

例如「置身性的狂喜之中卻無法射精的男性」，可以從芸香及少量的苦艾榨出汁液，

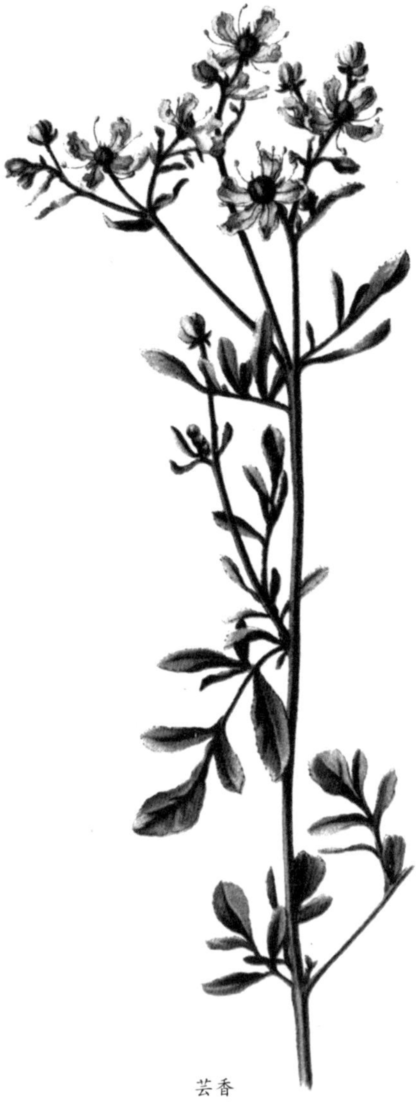

芸香

加上砂糖與蜂蜜攪拌後，與等量的葡萄酒一起放入耐熱容器，煮沸五次飲用即可。

芸香（Ruta graveolens）是芸香科的灌木。根據草藥辭典的記載，這種植物具有讓人興奮作用，因此也許的確適合改善這類男性的煩惱。

若男性希望從肉體的快樂與情慾中解脫，則可以將「蒔蘿和兩倍份量的水薄荷、比水薄荷份量更多一些的紅蔥頭和伊利里亞鳶尾花的根，放在醋當中醃漬成調味料，在吃飯的時候，無論吃什麼都配著吃」即可。

蒔蘿（Anethum graveloens，俗名為dill），是繖形科的香草，常用來當作醃菜的調味，具有幫助消化的功效。至於花呈紫丁香色的唇形科植物水薄荷（Mentha aquatica）

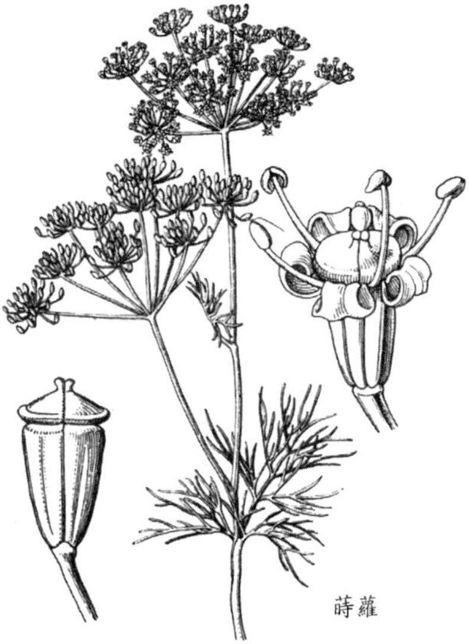
蒔蘿

水薄荷（日本名沼地薄荷）

由於帶有薄荷香氣，可使人神清氣爽。其他草藥的效果不明，而主要成分蒔蘿和水薄荷到底能不能讓人從情慾和快樂中解脫，也有待查證。

赫德嘉還列出許多其他解方，例如煩惱自己精力過剩的男性，可以「在三溫暖的蒸氣室當中，將川燙野包心菜所用的水澆在身上」，這樣一來，即可在不傷身體的狀況下消除慾望。

若女性感到子宮中存在著一股膨脹的慾望，則可以來個加了野包心菜的蒸氣浴。赫德嘉曾經說過，無論男女，若誤食具有催情功效的食物，可以飲用大車前草的原汁或加水飲用。這裡提到的野包心菜

車前草

（Lactuca taraxacifolia）是包心菜的近親，而大車前草（Plantago major）則和日本人熟知的雜草車前草十分類似。據說若將其葉片揉碎塗抹在傷口上，可以讓傷口很快癒合。

不過或許正因為她是修女，所以才深諳許多助人擺脫情慾糾纏的藥草。不過赫德嘉終身未婚，又是如何知曉消除男性性慾的方法？某年我參加尋訪赫德嘉所創辦修道院的旅行團時，曾經對領隊提出這個問題。這位領隊的回答是：「赫德嘉可以聽見神的聲音，所以她對於任何事情都了然於胸。」

由於關於性功能方面的藥草，並非我的專門領域，故引用赫德嘉的記載代為向各位讀者介紹。關於她所提供的處方到底是否有效仍在研究中，不妨靜待結果出爐。

7 「聰明女性」的藥草料理

在德文當中有個名詞，叫做「hexenkesel」，原意為女巫的大鍋，不過也可用來比喻「騷動」及「混亂」等等。但如果大家以為德國的女巫也喜歡像日本人一樣圍著鍋子大啖壽喜燒或涮涮鍋，那就大錯特錯了。

所謂「女巫的大鍋」，裝的是未受洗禮的嬰兒屍體、青蛙、蜈蚣等等噁心的物體，將之煮到濃稠冒泡。之所以用來比喻「一團混亂」，大概也是想到這麼多東西在鍋子裡面熬煮時的情景。

在莎士比亞的作品《馬克白》當中，有著三位巫女圍著大鍋預言馬克白的未來的場景。莎翁鉅細靡遺地描寫了鍋子裡面有些什麼，全部共有二十五種，包括「月夜中親手摘下的杉樹枝」、「黑夜裡挖出的毒堇」，剩下的則全都是一些動物或者肢體，如蛤蟆、蝙蝠翅膀、蝮蛇的舌頭、壁虎的眼球等等。這個場面寫出了女巫讓人不寒而慄的一面，其中的鍋子可說是典型的「女巫的大鍋」。第一章中提到的「飛行軟膏」，也是在女巫的大鍋當中製作出來的，所以這鍋子對女巫來講是相當重要的工具。

然而有「女巫的大鍋」，想必也有用於正面用途的「聰明女性的大鍋」。隨著女巫歷史研究進展，這些觀念也慢慢獲得修正。其實「女巫」和「聰明女性」根本是一樣的，之所

用大鍋製作藥劑為主題的女巫裝飾品。看起來和藹可親的女巫，以及容貌嚇人的女巫，從圖中便可一目了然。

以有所區別，都是因為時代背景不同所導致。

或許正因如此，一些以正攪拌著大鍋的女巫為主題的繪畫或小飾品，其中女巫的形象往往也分成恐怖的，或者看起來很有智慧的和善老婆婆兩種。

在格林童話中，有個叫做〈千皮獸〉的故事。「千皮獸」是一位公主的名字。她隱瞞身分，在某城堡的廚房工作，不久之後這座城堡的國王除了她煮的湯之外什麼都不吃。廚師長知道了這件事，便指稱她一定是個女巫。

這個故事有著怎樣的涵義？她到底是一位迷惑國王的恐怖女性，還是年輕貌美、做菜技巧一流的女性？由於童話當中的對話沒有詳細描述這件事情，因此研究格林童話的學者也沒有注意到這個細節。我卻認為，這恰巧描繪出了「女巫」這個概念的雙面性格。至於千皮獸煮的湯裡，到底都加了哪些食材？我個人認為，一定是添加了多種藥草。

在歐洲，許多家庭會在廚房裝飾著女巫人偶，稱為「Kitchen Witch」，是廚房的護符。這個人偶可以保佑廚房的主人烹飪技巧突飛猛進，當然應該歸類為「聰明女性」。

人類總是忘了自己也是自然界的一分子，認為憑智慧一定可以克服自然條件，往往遇到了不可抗力的天災，如颱風、地震、洪水、旱災時，回過頭才發現自己有多渺小。

不過神還是給了渺小的人類「藥草」這項贈禮。我們的祖先在偶然間發現了藥草的功效，並將相關知識傳給後代。在日本，每到正月七日都有食用春之七草的習慣；其他像女兒節吃的櫻餅和草餅，端午節吃的柏餅及菖蒲湯，以及冬至吃的南瓜和柚子湯等等，

「千皮獸」所煮的湯，是女巫的湯。奧圖繪。

Kitchen Witch，這是日本教人製作人偶的才藝班學生的作品。也許是故意做成這樣討人喜歡的造型。（增川久紀子作）

隨著季節不同，都有許多不同的風俗及可應用的相關植物。

德國人至今仍然相當重視藥草，在這樣的國度裡，至今流傳著許多「聰明女性」的藥草料理。有一位住在德國北部的舊識曾告訴我，當地至今仍然遵循著豆類、黃瓜、南瓜等都要等到所謂的「冰霜聖者日」（Eisheiligen，五月十一日左右）過後才能播種的風俗。因為五月中偶爾天氣還是會突然轉涼，因此要一直等到這一天過後才能播種。

羽衣甘藍搭配香腸和馬鈴薯。

北德地方每到冬天習慣吃一種代表性的鄉土料理羽衣甘藍（Grünkohl，綠色的包心菜之意）。據說結霜的菜葉調理過後更加香甜，不過外表看起來就像縮成一團的菠菜。這道菜需要煮上幾個鐘頭。我曾在德國吃過羽衣甘藍，雖然已經煮得很透，但仍然很有嚼勁，相當美味。

十二月時甚至會有村莊舉行羽衣甘藍健行會。到了黃昏時分，村中的人聚集在一起，步行至鄰村的餐廳，在那裡大吃羽衣甘藍和香腸。據一位參加過很多次這種健行的朋友表示，一般健行的目的地只有主辦人才知道，在黑暗當中，只靠手電筒照路，大家邊走邊聊，幾個小時後才終於抵達可以吃到羽衣甘藍的餐廳，我想，參加這種健行一定相當

就像日本民眾滿心期待竹筍季節來臨一樣，德國的主婦也引頸期盼春天盛產的白蘆筍。

販賣漿果的店內買氣相當旺盛。在蛋糕上擠點自製果醬，是吃過一次就難以忘懷的味道。圖為黑莓的果實。

蔬菜店擺滿黃瓜和蘑菇，是日本人相當熟悉的蔬果。但整體而言德國的蔬果都較大。

有趣。

每到春天，還有將類似韭菜的熊蔥（Bärlauch）製作成蔬菜泥的習俗；夏天快到時，市場中紛紛出現白蘆筍，秋天則將各種漿果製作成果醬。在德國的菜市場，販賣許多日本少見的菜蔬，如茴香等等，逛起來別有一番樂趣。

在法蘭克福（德國中部）的菜市場當中，賣著一種將七種綠色蔬菜捆成束用紙包裹的「法蘭克福青醬」（Frankfurter Grüne Soße）。當地人用這幾種蔬菜製成淋醬，配肉食用。只看食譜，做法似乎並不困難，應該是相當家常的菜色。

在法蘭克福的大聖堂當中有許多祭壇，其中有一座雕刻著基督最後晚餐的情景，在餐桌上有著整隻的烤小羊。跟我一起前往的友人指給我看，原來桌上也放置著法蘭克福青醬。雖然不清楚這座祭壇建於何時，不過這種綠色的沾醬，想必已是當地民眾生活中不可或缺的一部份。

德國家庭也像日本一樣，在菜餚中使用許多蔬菜和果實，然而，在各種民俗節慶中卻較少食用藥草製作的菜色。或許因為他們一年到頭的慶典都與基督教結合，所以不像日本一樣，不同季節的慶典都用不同的當季食物表現。不過，這並不表示德國完全沒有以藥草為主的傳統料理。

法蘭克福青醬的材料，包括了荷蘭芹、水芹菜、細香蔥、山蘿蔔、野菠菜、玻璃苣（紫草科植物）等七種。包裝紙上印有調理方法。

最後的晚餐當中，淋在烤羊上的「法蘭克福青醬」。可惜本圖並非彩圖，無法分辨其顏色。

【聖星期四的綠色蔬菜】

比如說，德國至今仍保留著「聖星期四」必須以綠色蔬菜為主食的風俗。所謂聖星期四，指的是復活節前的星期四。在日本，新教徒稱這天為「聖星期四」，而天主教則稱為「洗腳星期四」。這是根據約翰福音的記載，耶穌曾經為前來參加最後晚餐的門徒洗腳，象徵耶穌洗清了弟子的罪，並親自展現了愛與奉獻的精神。

德文中，聖星期四稱為「Gründonnerstag」。Grün這個字相當於英文的綠

為門徒洗腳的基督。「隨後把水倒在盆裡、就洗門徒的腳、並用自己所束的手巾擦乾。」（約翰福音13：5）。圖片攝於史特拉斯堡（位於法國）的大教堂。

色（Green），不過叫做「綠色星期四」的原因，似乎沒有這麼單純。Grün在古代德文當中還蘊涵著「悲嘆」之意。在英文當中也稱這一天為「悔過星期四」（Maundy Thursday），其語源應該跟基督教有關，而非綠色。不過，在這一天以綠色蔬菜為主食的習慣，似乎早在基督教傳入以前就已存在，所以早已分不清楚兩個辭意之間的關係。

人們為了慶祝春天到來，到自家的庭院或是前往森林中摘取野生蔬菜。當天晚上，一邊食用綠色蔬菜製作的菜餚，一邊祈禱能夠平安無事度過這一年。至於蔬菜的種類雖然不像日本的春之七草那樣固定，不過一般說來大約是七種、九或十二種。

據說詩人歌德，習慣在這天吃菠菜；而德國的自然科學家亞歷山大・馮・洪堡（Alexander von Humboldt），專門為這一天寫下了詳細的食譜，獻給波茲坦宮廷的廚房。這份食譜裡面所使用的藥草，包括了金錢薄荷、水芹菜、洋耆草、雛菊、大車前草等等。

此風俗至今仍然受到保留，特別是在天主教信仰較為根深柢固的地區。不過，地方不同，使用的藥草種類及調理方式也不同，甚至也有蔬菜餅乾和藥草沙拉這樣的菜色存在。在南德地區的餐廳，到了聖星期四這一天，菜單上會特別推出一種湯，其中加了富含豐富維他命的山蘿蔔。

不過藥草盛產的時節未必剛好趕得上聖星期四，這是因為復活節的日期每年都會變動。耶穌基督遭處刑後第三天復活，這一天的慶祝活動定為復活節，基本上是春分（三月二十一日）之後第一個滿月後的星期天，因此早的話在三月，晚的話則會拖到四月底。

若復活節在三月底來臨，許多藥草還來不及長成，超市也只能販賣「九種藥草湯」、「聖星期四

金錢薄荷

喝的湯」這類包裝好的材料。

傳統的「聖星期四喝的湯」一定會用到唇形科的金錢薄荷（Glechoma hederacea）。花帶有紅紫色，呈小巧的唇狀，葉片則為心型，說實話看來並不起眼。揉碎葉片之後會發出強烈的薄荷香，可以舒緩頭痛，常見於民間療法。

金錢薄荷的莖相當柔軟。植物學者蘇珊．費雪（Suzane Fisher Rizzi）指出，金錢薄荷由於相當適合用來編織花冠，因此也稱為「花冠草」（Kranzkraut），將花冠戴在頭上，還有驅魔的功效。特別是在屬於女巫的「瓦普幾絲之夜」，據說戴上這種花冠可以在人群中分辨出誰是女巫。

金錢薄荷的實際效用是消炎，據說對降低血糖、糖尿病、腎臟炎、腸胃障礙等亦相當有效，在日本，則常常用於治療幼兒的疳積和痙攣，故稱為「除疳草」。至於古時日本稱為「垣通」（穿牆草），則是因為這種植物繁殖能力甚強，甚至能夠穿透牆腳。

【五月酒】

在德國，每到五月一日便會立起「五月柱」（Maibaum），慶祝春天的來臨，這是過去樹木信仰的殘留。古人相信橡樹、楢樹、白樺、檜木等樹木上棲息著神靈，特別是白樺樹象徵春天與生命的復甦，因此常用來作為五月柱的材料。

具體的做法是在木材的上端掛上草環，並加上裝飾，接著人群繞著柱子圍起圓圈向冬天告別。在北德的小村莊中，常常可以見到村人合

裝上彩球、彩帶以及多種人偶，看起來相當華麗的五月柱。位於慕尼黑的維多利亞廣場。

義消人員將檜木運到村中的廣場，喊著口號，將柱子立起來。這是一個比較樸素的五月柱，位於哈茨地區的本涅根斯坦。

力豎起五月柱的景象。首先是將木材運到村中廣場，擔任義勇消防隊的男性吆喝著口號，拉著繩子，慢慢將柱子立起來，旁觀者在一旁高興地鼓掌，之後少年和少女圍著柱子開始歌唱。整個儀式並不繁瑣，但一邊看著一邊讓人心頭也跟著暖起來。

五月柱的歷史相當古老。立在廣場上的五月柱除了有各種各樣的木材外，裝飾的方法也相當多樣化。例如在南德慕尼黑就可以看到裝飾得相當華麗的五月柱。

屬於五月的飲料——五月酒。

在舉行這項慶典時，民眾同時還會飲用一種「五月酒」（Maibowle），也就是五月喝的雞尾酒，以慶祝春天到來。五月酒同樣具有悠久的歷史，最早可以追溯到九世紀，本尼迪克特教派的修士曾經寫下製作方法一直流傳至今。在此介紹其中一種：

材料：

■開花前的車葉草葉片一小捆

■黑醋栗的葉片十五片

■薄荷／龍苣／鼠尾草／地榆／百里香葉片各二至三片

■砂糖一百五十公克（建議可以少一點）

■白葡萄酒1瓶

■香檳酒1瓶

做法：

■將各種藥草綁在一起，不用太緊。

■將藥草和砂糖放入容器當中，倒入半瓶葡萄酒。

■放置約一小時之後，將藥草取出

■在喝的時候直接注入杯中，並且灑上幾片車葉草葉片。也可以用草莓或蘋果的花瓣代替。

在冰過的玻璃杯中，灑上一些車葉草葉片，增添點香氣之後，可以使人感受到彷彿春天確實來臨了。五月酒的主角是茜草科的車葉草（Galium odoratum）。或許正因如此，也稱為車葉草酒。

幾年前在參加探訪德國童話名勝的旅途中，於古城沙巴堡（Sababurg）的餐廳第一次喝到五月酒，喝起來帶有一點點辣味，但相當爽口。食譜當中建議砂糖可以少一點，就是為了這種微妙的辣味。

事後，由於還想再喝遂請友人幫忙，於是獲贈瓶裝的五月酒，據說是店裡販售的商品。我小心地將它帶回日本和朋友一起飲用，這瓶的味道微甜，對酒精飲料沒輒的朋友表示相當美味。看來在製作過程中，調節砂糖的量相當重要。

車葉草

車葉草的葉片上有著車軸般的放射狀紋路，日文古名的車輪草由此而來。在德文當中則稱為「森林裡的老大」、「森林之母」、「五月之花」、「心靈的喜悅」等等。

車葉草自古便常用於民俗療法。例如家中有孕婦時，往往會塞一些氣味芬芳的草藥在枕頭套或床單中，車葉草的葉片曬乾後也有類似乾草般的香氣，具有鎮定心情的效果，因此是在上述情形當中常常選用的藥草。

在治療用途上，大多選用開過花的葉片，不過在製作五月酒時，必須使用開花前的葉片。車葉草之所以帶有乾草般的香氣，是因為內含一種叫做香豆素的成分，若大量攝取會引起頭痛與嘔吐等現象，因此在製作五月酒時，切記葉片不可以浸泡太久。

送我五月酒的那位朋友，同時還送了我一捆乾燥過的車葉草，我將之掛在廚房，過了半年仍然飄著乾草的香氣。

仔細研究藥草，會發現其中包含了許多對人體有益的成分，甚至讓人懷疑這不是為人類創造的植物，思及大自然給予人類的恩惠總讓人感到不可思議，心生敬畏。

人類在死後也將回歸自然，成為自然的一部分，從植物的角度來看，人類只不過是自然循環的一個環節而已。不過，人類接受了這麼多的餽贈，有沒有給予大自然相同的回報呢？

女巫的藥草箱內容包羅萬象，還包括了許多沒有介紹到的藥草。不過走筆至此，暫時將告一段落。不知道各位讀者看到這裡，心中對女巫的印象，是否仍然覺得恐怖又邪惡？還是了解到，其實歷史的背後，躲藏著許多不為人知的「聰明女性」呢？

本書引用及參考文獻・圖片一覽

・悪魔学大全／R・ホープ・ロビンズ著／松田和也譯／青土社／1997
・魔女と魔術の事典／ローズマリ・エレン・グィリー著／荒木正純、松田英譯／原書房／1996
・世界魔女百科／F・ヒメネス・デル・オソ著／蔵持不三也、杉谷綾子譯／原書房／1997
・博物誌／プリニウス／大槻真一郎編／八坂書房／1994
・植物誌／テオフラストス著／大槻真一郎・月川和雄譯／八坂書房／1988
・ディオスコリデスの薬物誌／大槻真一郎等編／エンタプライズ／1983
・奇跡の医書／パラケルスス／大槻真一郎譯／工作舎／1980
・聖ヒルデガルドの医学と自然学／ヒルデガルド・フォン・ビンゲン著／井村宏次 監譯／聖ヒル デガルド研究会譯／ビイング・ネット・プレス／2002
・ビンゲンのヒルデガルドの世界／種村季弘／青土社／1994
・毒の歴史／ジャン・ド・マレッシ／橋本到・片桐裕譯／新評論／1998
・毒の話／山崎幹夫著／中公新書／1985
・毒草百種の見分け方／中井将善著／金園社／1995
・『聖書』新改訳／聖書刊行会譯／日本聖書刊行会／1988
・聖書の植物／H＆A・モルデンケ／奥本裕昭訳／八坂書房／1995
・カラー版　聖書植物図鑑／大槻虎男譯／教文館／1992
・『新約外典』聖書外典偽典6／川村輝典等譯／教文館／1976
・黄金伝説3／J・デ・ウォラギネ／前田敬作、酒井武譯／人文書院／1989
・植物の魔術／J・ブロス著／田口啓子、長野督譯／八坂書房／1997
・和漢三才図絵／寺島良安著／島田、竹島、樋口譯注／東洋文庫
・サリカ法典／久保正幡譯／創文社／1977
・図説ドイツ民俗学小事典／谷口、福嶋、福居著／同学社／1985
・ドイツの民俗／ヘーディ・レーマン著／川端豊彦譯／岩崎美術社／1970
・ハーブの事典／北野佐久子著／東京堂出版／1995
・英米文学植物民俗誌／加藤憲市著／富山房／1976
・花の西洋史／A・M・コーツ／白幡洋三郎、白幡節子譯／八坂書房／1989
・四季の花事典／麓次郎著／八坂書房／1988
・牧野日本植物図鑑／牧野富太郎著／北隆館／1956
・ハーブの写真図鑑／レスリー・ブレムネス著／日本ヴォーグ社／1998
・フローラ・ヤボニカ　日本植物誌／シーボルト著／木村陽一郎等解説／八坂書房
・黄金のロバ／アプレイウス著／呉茂一譯／岩波文庫／1997
・ギリシャ神話　下／／呉茂一　編／新潮社／1966
・オデュセイア　上／ホメロス著／松平千秋譯／岩波文庫／1996
・トリスタンとイゾルデ／G・V・シュトラースブルグ著／石川敬三譯／郁文堂／1981
・サロメ／オスカー・ワイルド著／福田恆存譯／岩波文庫／1959
・世界文学全集II-1　シェイクスピア／福田恆存譯／河出書房新社／1963

・エンサイクロペディアニッポニカ／小学館／1996
・イタリア絵画／ステファノ・ズッフィ編／宮下規久朗譯／日本経済新聞社／2001
・プラド美術館／ウルビノ総編集／田辺徹譯／みすず書房／1993
・ボッティチェリ／ロナルド・ライトボーン著／森田義之、小林もり子譯／西村書店／1996
・ルーブル美術館II・III・IV／高階秀爾監修／日本放送協会出版／1985
・ベルリン美術館の絵画／コリン・アイスラー著／高階秀爾監譯／中央公論新社／2000
・システイーナのミケランジェロ／青木昭著／小学館／1995
・モーセの生涯／トーマス・レーメル／矢島文夫監修／創元社／2003
・ヴァチカンのミケランジェロとラファエッロ日本語版／中繁雅子編／ミュージアム図書／1996
・ゴヤ／日本アート・センター編／新潮美術文庫／1990
・ジオット／日本アート・センター編／新潮美術文庫／1989
・マンドレークの栽培／指田豊著／日本植物園協会誌38号所收／2004
・『本草図譜』岩崎灌園　http://www.um.u-tokyo.ac.jp/dm3/database/honzo.html
・金剛山　花の図鑑　http://www.kongozan.com/hana/
・日本緑茶センター http://www.jp-greentea.co.jp
・Der neue kosmos pflanzenführer.Kosmos
・Anthea: Das Buch der Hexenkräuter
・Horst Altmann: Giftpflanzen Gifttiere. Blv
・Gertrud Scherf: Gewürzkräutergarten,Ludwig,2000
・Gertrud Scherf: Zauberpflanzen Hexenkräuter. BLV Verlaggesellschaft mbH.2003
・Die schönsten Brockensagen für Jung und Alt. Gesammelt von Rudolf Stolle.
・Schierke Andreasberg,1994
・J.Praetorius: Blockes-Berges Verrichtung. Faximile der Originalausgabe aus dem Jahre 1669. Edition Leipzig,1968
・Bernd Schmelz: Hexerei, Magie & Volksmedizin. Holos,1997
・Bernd Schmelz: Hexenwelten. Holos, 2001
・Hexen-Katalog zur Sonderausstellung. Museum für Völkerkunde Hamburg,1979
・Peter Haining: Hexen. Verlag Gerhard stalling. 1977
・Hildegart von Bingen:Hellikraft der Natur Physica. Pattloch, 1997
・Jakob Sprenger,Heinrich Institoris:Der Hexenhammer. Dtv Klassik,1996
・Colette Piat: Als man die Hexen verbrannte. Eulen Verlag,2002
・Tordis van Boysen: Amlette und Talismane.Kerskenn Cambaz,1993
・Brüder Grimm: Deutsche Sagen. Eugen Diederichs Verlag,1993
・Brüder Grimm: Kinder-und Hausmärchen. Insel Verlag,179
・Heinrich Marzell: Zauberpflanzen Hexentränke. Kosmos,1964
・P.Cornelius / B.Mayerhofer: Hinter Mauern ein Paradies,Insel Verlag1998
・J.K.Rowling: Harry Potter and the Philosopher's Stone.Bloomsburry, 2000
・Um die Walpurgisnacht. Zusammengetragen von Hans-Joachim Wiesenmüller. Druckhaus Quedlinburg

- Die erste Abenteuer der kleinen Brockenhexe: Alexander Lieske.1996
- John Harthan: The History of the Illustrated Book. London,1981
- R.A.Foakes: The new Cambridge edition. Los Angels,1995
- J.W.von Goethe: Faust. Phillip Recalm, Stuttgart 1986
- Thea: Hexenrezepte:Südwest
- Holy Bible: Authorized King James Version.Collins' Clear-Type Press
- Die Bibel mit dem Erläuterung der Jerusalemer Bibel. Herder KG,1976
- G.Pabst: Köhler's Medizinal-Pflanzen. Verlag von Fr.Eugen Köhler.1887
- Das Herkunftswörtebuch. Duden 7,Duden Verlag, 2001
- Der Brocken.Studio Volker Schadach,Goslar 1997
- Margarethe Schmid: Warun ein Apfel, Eva? Schnell + Steiner,2000
- Adamo Lonicero/Petrum Uffenbachium: Kreuterbuch,kunstliche Conterfeytung Der Bäume, Stauden, Hexen, Kräuter, Getreyde, Gewürtze. Frankfurt,1679
- Dr.Fr.Losch: Kräuterbuch. Verlag von J.F.Schreiber
- Die Frauenkirche in München. Verlag Schnell & Steiner GMBH
- Richard van Dülmen:Hexenwelten. Fischer Verlag
- Otto Willheim Thome: Flora von Deutschland, österreich und der Schweiz. 1885, Gera, Germany http://www.biolib.de von Kurt Stueber

藥草與魔法：女巫、符咒、飛行軟膏與西方古老傳說
魔女の薬草箱

初版原書名：《女巫不傳的魔法藥草書》

作者　西村佑子
譯者　王立言
封面設計　BIANCO TSAI
內文編排　黃雅藍
執行編輯　張海靜、劉素芬、羅凡怡
責任編輯　劉文駿
行銷業務　王綬晨、邱紹溢
行銷企劃　曾志傑、劉文雅
副總編輯　張海靜
總編輯　王思迅
發行人　蘇拾平
出版　如果出版
發行　大雁出版基地
地址　台北市松山區復興北路333號11樓之4
電話　02-2718-2001
傳真　02-2718-1258
讀者傳真服務　02-2718-1258
讀者服務信箱E-mail　andbooks@andbooks.com.tw
劃撥帳號　19983379
戶名　大雁文化事業股份有限公司
出版日期　2022年5月　初版
定價　360元
ISBN　978-626-7045-36-7

國家圖書館出版品預行編目資料

藥草與魔法：女巫、符咒、飛行軟膏與西方古老傳說 / 西村佑子著；王立言譯.
– 初版. -- 臺北市：如果出版：大雁出版基地發行, 2022.05
面；公分
譯自：魔女の薬草箱
ISBN 978-626-7045-36-7（平裝）

1. 巫術　2. 藥用植物

295　　111006463